守望者

——

到灯塔去

难逃单调
MONOCULTURE

当人遭遇经济浪潮

[加] F. S. 迈克尔斯 著 / 黄煜文 译

南京大学出版社

HOW ONE STORY
IS CHANGING EVERYTHING

by F. S. Michaels

Monoculture: How One Story is Changing Everything
© F.S. Michaels 2011
This translation of Monoculture: How One Story is Changing Everything is published by arrangement with Red Clover Press.

本书译文由木马文化事业股份有限公司授权
Simplified Chinese Edition Copyright © 2022 by NJUP
All rights reserved

江苏省版权局著作权合同登记　图字:10-2022-134号

图书在版编目(CIP)数据

难逃单调:当人遭遇经济浪潮 /(加)F. S. 迈克尔斯著;黄煜文译. —南京:南京大学出版社,2023.1(2023.4重印)
书名原文:Monoculture: How One Story is Changing Everything
ISBN 978-7-305-26112-1

Ⅰ.①难… Ⅱ.①F…②黄… Ⅲ.①经济社会学—研究 Ⅳ.①F069.9

中国版本图书馆 CIP 数据核字(2022)第 155270 号

出版发行	南京大学出版社
社　　址	南京市汉口路22号　邮　编 210093
出 版 人	金鑫荣
书　　名	难逃单调:当人遭遇经济浪潮
著　　者	[加]F. S. 迈克尔斯
译　　者	黄煜文
责任编辑	章昕颖
照　　排	南京紫藤制版印务中心
印　　刷	江苏凤凰通达印刷有限公司
开　　本	787mm×1092mm　1/32　印张7.625　字数130千
版　　次	2023年1月第1版　2023年4月第2次印刷
ISBN	978-7-305-26112-1
定　　价	48.00元
网　　址	http://www.njupco.com
官方微博	http://weibo.com/njupco
官方微信	njupress
销售咨询	(025)83594756

* 版权所有,侵权必究
* 凡购买南大版图书,如有印装质量问题,请与所购图书销售部门联系调换

我们经常忽视故事的不可思议与力量。故事总是静悄悄地在无人注意时施展它的魔力。故事与心灵和自我的内在素材交相作用,在改变你的同时,故事也与你合而为一。当你阅读或讲述故事时,千万要当心;在深夜时分,在意识的水面下,故事正以难以捉摸的方式改变你的世界。

——本·奥克瑞

目 录

序：当代社会游戏，你是参与，还是弃权？　　/ i

1　什么是单一文化　　/ 1

社会里的某种叙事取代了其他叙事，减少了多样性，形成了单一文化。当你置身于某个历史时期的主宰故事里，你会倾向于接受主宰故事对现实下的定义……它主宰了我们，却又不让我们察觉到它的存在。

2　经济故事改变一切　　/ 7

国内生产总值增长，生活水平上升，国家人均收入提高，你的孩子最终会比你获得更多机会。医疗、教育、艺术、社会项目，都会获得政府经费。简言之，经济增长促成社会发展。

3　越来越不稳定的工作环境　　/ 25

公司延长既有员工的工时，要比雇用更多员工更省成本；因为每增添一名新雇员，就会增添额外的管理费用。77%的美国员工每星期工作超过40个小时，对于主收入工作的环境"非常满意"的人不到一半……据估计，每年约有60万人因超时工作而死亡。

4 忙到没时间经营亲情
   自然世界变成投资对象　　/ 41

在我们这个极度个人主义的社会里,我们会认为孤立与孤独就像是"人类的境况",我们不认为它们是某种社会安排下的副产品。

5 公共部门开始追求经济效益　　/ 59

原本负责提供公共服务的公务员应该把手上的工作外包给私营部门,并且从执行的角色转变成监督的角色。然而私营部门不对民主程序负责,因此外包有可能引起一些疑虑,例如社群、民主与公共利益是否会随着公务员基本信条的消失而遭受损失。

6 医疗产业鼓励民众看病
   十字架变成宗教商标　　/ 79

医疗是产品,医院与医生是卖方,病人、政府与保险公司是买方。医生是企业家,他们必须与其他医生竞逐病人。作为商业的一环,医疗行业不断针对产品推陈出新,宣传各种状况,把问题"医疗化"。

7 接受教育只为更高的薪资　　/ 103

教育可以帮助个人在人生中取得领先位置。教育很重要,但不是因为教育可以帮助你成为健全而有教养的公民,使你能成功地参与社会,而是因为教育可以帮你找到更好的工作,赚更多的钱,并提高你的生活质量。

8 创意从无价变成天价 / 119

艺术家成了艺术企业家,艺术家成功与否,是以他的作品在市场上的表现而定。艺术家原本应该超越市场——艺术家是受内心的驱使而创作,不是为了取悦买家而创作。

9 单一文化狭隘化我们的生活体验 / 137

我们失去了曾在某些生活领域使用的"语言"——家庭与人际关系的语言、自然世界的语言、艺术与精神层面的语言、卫生与健康的语言、公共利益与共同利益的语言。经济语言取代了这些语言。

10 另寻解决之道 / 151

当你开始遵循内心深处的价值来生活,不去理会单一的经济价值时,随着时间一天天地过去,你的行动会产生更有系统、更有条理的结果……"在社会上过着独立的精神、社会与政治生活"。

后 记 / 173

注 释 / 179

参考书目 / 209

序
当代社会游戏,你是参与,还是弃权?

袁长庚

一

几天前,我在短视频平台上刷到一位脱口秀演员的线下表演视频,内容是对"孔融让梨"的全新解读。大意是:一个孩子,拿到好吃的水果,除非是吃撑了或者完全不爱吃,否则他的"正常反应"绝不是谦让。当然,演员使用的语言和技巧比我的转述要精彩得多,辅之以夸张的表情和肢体动作,博得满堂喝彩。

在流传千年陈陈相因的道德故事中找寻"不合情理"之处,一语道破人们未曾留意的"常识",这是提升喜剧效果屡试不爽的好办法。但细想来,演员的

"颠覆"其实只是对我们当下某种隐秘共识的确证而已，这种共识就是：人的恒久动力来自对一己之欲的满足，任何人在这一目标尚未达成前，都不可能将果实拱手让人。

不仅成人遵循这样的定律，孩童也不例外。

台上那么一说，台下那么一乐，逢场作戏，"认真你就输了"。

但故事无小事，故事有深意，对故事应当较真，因为我们被故事塑造，被故事指引。

这是 F. S. 迈克尔斯想在本书里指认的一个基本道理。

二

故事之所以重要，是因为在故事当中，我们常常要回应三个至为根本的问题："身为人类，你是谁？这个世界是什么样子的？你与世界如何交流？"从哲学角度说，这是关乎"本体论"的大问题，是每一种文化、每一个时代都不能回避的大问题。

比如说，在上述脱口秀版本的"新孔融让梨"

中,那个叫"孔融"的孩子应该是一个能清醒察觉自己的欲望且遵循自己的认知来做出"理性选择"的人,让梨故事现场就是一次决策实操,孔融和他的兄弟是"资源竞争"关系(很显然,梨没有那么多)。只有在上述基本假设都成立之时,新版让梨故事才能成立。

在这本小书中,这恰恰是单一故事模式接管我们对自身和世界的想象的症候之一。

单一故事模式的基础是单一文化(monoculture),它的含义如字面所示,就是某一时期在社会中占绝对主导位置的文化,是此时人们理解自身存在的基础。在人类文明史的演进过程中,宗教、道德、血缘、科学等文化都曾扮演过这样的角色。换一种稍微理论化一点的说法:单一文化提供一种固定的"语法",规定了某些问题的答案及系统内部不同要素之间的关系;无论有什么新的经验发生,人们都只需将其代入这个语法结构。

在迈克尔斯看来,单一文化最重要的功能在于划定"正常"和"非正常"。

凡是与单一文化相符的认识和行为,都属"正常",否则即为越界。迈克尔斯未及深入的一点是,这一判别本身就是文化内生的暴力——维系正统,驱逐异端,保证秩序和规范不受动摇。这种暴力是历史的暗面,是鲁迅在字里行间读出的戕害和受辱,是文明书写当中不便言明的潜台词。

单一文化在某一时期的主导地位很难被撼动,但对于在真实世界中生活的人们而言,生活的经验、对世界和人间的体认,总会溢出单一文化规定的边界。换言之,直接代入的语法结构不可避免呈现僵化狭隘的面向,这个过程可能很缓慢,连身处其中的人都难以自知。

单一文化的更迭恰恰缘于自身的局限,但更迭本身并不意味着"进步"或"发展";取而代之的新文化,往往也有新的局限和短视。

三

迈克尔斯真正关心的问题,并非为堂皇的文明史重写一个暗黑版本,她只是用单一文化作为药引,以让她对当下社会困境的批判生效。

在她看来，纵然以往的单一文化难以承载人类的复杂体验，但在诸如宗教之类的文化系体中，还适当保留了对"人"的复杂性和延展性的接纳。我们眼下所处的单一文化独有的糟糕之处就在于：它几乎完全放弃了对人类存在多样性的认可，把故事的讲法限定在一个极其逼仄的空间。

这就是迈克尔斯所说的"经济故事"，一个改变了我们所有"故事"的故事。

经济故事中也包含对本体论问题的回答。在经济故事中，你是一个不应该羁绊于任何纽带的独立个体，你的目的就是为了满足自身的利益，时刻准备衡量得失，做出理性选择。经济故事充分信任你的意愿和能力。相应地，假如你此刻的状况不令人满意，那么一定是你没能充分审时度势，没能让自己的收益最大化。经济故事把整个世界描绘为一个巨大的市场，所有人都是无止境的买卖游戏的参与者，低价买进高价卖出是天经地义。

资源总是稀缺的，竞争不可避免。

世上的每一个人都是理性的游戏参与者，心照不宣地视彼此为对手。

最重要的是,经济故事认为,衡量人与事好坏的唯一标准是看其是否带来经济增长,是否把自己"卖了个好价钱"。

四

本书就这个糟糕的故事架构对人类社会各个方面的绑架和扭曲,进行了扫描仪式的成像观察。

她以广博的经济学、人类学、社会学、管理学等学科知识,从工作、家庭、教育、医疗、行政管理,乃至宗教和艺术等面向,探讨了一味追求经济效益如何改变我们的生活和价值观;最后借用关于食物、建筑和人际沟通的三个事例来尝试找寻可供参考的替代方案——参与当代游戏的另一种"平行之道",在个人生活中落实更具多元价值、更人性化的生活方式。

迈克尔斯行文简洁明了,开门见山。她在第一章就直接亮明观点,后六章以具体事例条分缕析地论证观点,逻辑清晰。阅读这本薄薄的"小册子",宛如置身 Ted 演讲现场,她富有创见的想法和观察,在我心中引发阵阵共鸣。翻开"注释"和"参考书目"部分，我们会发现，迈克尔斯涉猎广泛，引文翔实丰富。但她并未采取常规的学术写法，而是以一种"清晰、简洁、轻松、自由"的笔调直面读者，将"观众-你"置于视觉、听觉中心，以引发你对她关于经济故事之观察诊断的聚焦。

以小搏大、想法先行，在人文写作中向来是一种有风险的策略，也恰恰是这样一种简明清晰的写作策略，可能会引发读者的一些疑问：问题这么简单吗？批判这么容易吗？立场会不会太偏执？指控会不会太武断？

我愿意就这一点，为迈克尔斯稍做辩护。

《难逃单调：当人遭遇经济浪潮》是一本"小册子"。所谓"小册子"，我愿意将其理解为一种带有介入时代冲动的书写传统，譬如莫尔的《乌托邦》。小册子体量轻薄，但往往有沧海桑田的历史自觉，不回避与大问题的白刃相见。迈克尔斯的"单一文化"概念穿梭于文明史上的昨日和今朝，拾取社会变迁的若干片段，对"人类"这个庞大的单位做出诊断。这种轻与重、小与大之间的辩证，必然意味着大量的筛选、重组、拼贴，也必然意味着某种鲜明的"偏执"。

比如说，我们完全可以追问：经济故事和百余年前马克思就已经洞见的资本逻辑之间是否有学理上的亲缘关系？意识形态意义上的"资本拜物教"对人类社会的统治，是否就是经济故事改变其他故事的原型？我们甚至可以更严苛一点，指出迈克尔斯的"故事"假说没有给出政治经济结构分析的基础，难免让人觉得好像任何时代都有一只云端大手，操纵我们的意识，让我们迷迷糊糊中接受某种垄断性的说法。

想要让小册子变厚、变大，即便是稍有积累的读者也可以贡献若干方案。但我想这不是我们苛责此类写作的借口，事实上，它是图示，是索引，是一个灵感导火索，是辩论场上的一个可被认可或被辩驳的观念。它的一个重要意义就在于：时刻保持从轻盈走向厚重的可能性，它开辟出的无数端口，恰恰是留给我们通往高阶的指南；但坦率说，那一步是我们自己的功课——成为学养深厚的读者，进入更高深的学说。

五

深刻的道理，需要被轻盈的讲述不断重复，不断传播。

重述往往意味着对经典的激活,让业已定型的表达当中渗入此一时代人的紧张和关切。

从这个意义上说,我认为《难逃单调:当人遭遇经济浪潮》中对"故事"这种对真实世界的表征(representation)的强调是重要的。迈克尔斯再次提醒我们,我们正生活在一个自己"制造"出来的世界,这里的制造意味着不断趋附于主导性的故事语法,一再确认关于本体论问题的某些标准答案。

不是"贫穷限制了我的想象力",而是我的"想象力"中注定内含着某种"贫穷"。

这种"贫穷"是我们对于人之多样性、世界之多样性的潜在拒斥。单一故事许诺我们"正常""安全""稳定"。这种许诺对普通人而言,尤其具有说服力。是的,我们没有资本冒险,没有资本试错。我们想要安稳生活,这并没有错。

可是,换个角度想想,普通人要让自己的生命散发光芒,当然不是靠一掷千金的豪赌,但也不是一味追求正常和安稳。我们大概率过不上钟鸣鼎食的富裕生活,但我们可以和一个他人觉得"不般配"但于我心有戚戚焉的人长相厮守,也可以读一门他人觉得"没出路"但于我意义独特的冷门专业,可以成为一个讲义气的朋友或可信赖的同事。人生有限的高光时刻,常常伴随着不理性、没算计的纵身一跃。那就是我们跳脱经济故事的时刻。

在保障基本物质生存、履行人之为人应尽的义务之余,人生何不妨化为一场"以我喜好"为主的游戏,充分创造,充分享受。

人的多样性,故事的多样性,原本就是我们自己的生命历程。

如果让我选,我还是愿意生活在一个人们相信那个叫"孔融"的小孩会把梨让给兄弟的世界。

1 什么是单一文化

故事绝不仅仅是故事。故事总是充满意义……我们可以确定的是,如果我们熟悉一个故事,乃至于可以讲出它,那么这个故事一定会为我们带来意义。

——罗伯特·弗尔福德

20世纪哲学家以赛亚·伯林曾说,我们如何思考和行动的历史,在很大程度上是一部主导观念的历史。某个主题跃升到我们意识的顶层,牢牢抓住一两代人的想象,并且塑造我们的整个人生。伯林说,如果你审视任何文明,你会发现特定的生命模式反复出现,成为时代的主流。在此模式的影响下,某些观念受到热烈欢迎,某些观念被打入冷宫。伯林相信,如果你能把文化遵循的主导模式区分开来,你就能解释与理解世界是如何形塑某个历史时期的人类的思考、感受、行动的。[1]

文化遵循的主导模式是一个主宰故事——社会里的某种叙事取代了其他叙事,减少了多样性,形成了单一文化。当你置身于某个历史时期的主宰故事里,你会倾向于接受主宰故事对现实下的定义。你会在不知不觉中相信某事而且依照某事行动;或者反过来,你会不相信另一些事而且不依照那些事来行动。这就是单一文化的力量。它主宰了我们，却又不让我们察觉到它的存在。

经过一段时间之后，单一文化演变成近乎无形的基础，架构与形塑我们的生活，赋予我们特定的世界观。单一文化告诉我们什么叫正常，指点我们该对人生抱有什么样的期待。单一文化将我们的人生朝某个方向引导，划定疆界，让我们不知不觉中习惯在疆界内生活。单一文化要我们恐惧与怀疑其他故事，因为其他故事的存在显示了除了单一文化外还有其他的可能，因而对单一文化构成挑战。

学习认识单一文化可能让我们感到威胁与焦虑，因为这个过程暴露了我们行事的基础，隐约显示我们以这种方式生活"背后的原因"。此外，如果不了解单一文化如何形塑我们的生活与世界，那么我们将处于此危险之中：日复一日做决定，却浑然不知我们的选择在此之前已经形成，也未察觉我们思索选项的方法也是单一文化形塑的。对单一文化没有清楚的认识，便很难理解你自己的生活轨迹。如果你能看出是什么样的共同信念与假定构成当前的主导模式，你就能发现单一文化的影响，并且决定这是否真的是你希望的生活方式。

单一文化与它所形成的主宰故事,随时代转变而盛衰更替。举例来说,17世纪的主宰故事围绕着科学、机器与数学。生物学、解剖学、物理学、化学与天文学这些领域的发展孕生了现代科学。人们开始相信,通过数学可以发现世界的本质,物理定律主宰了所有物体的行为,而生物可以被系统地分门别类。生命被理解成一连串有解的问题,世界变得秩序井然而精确。科学的单一文化于焉诞生。

科学的单一文化与在此之前的宗教的单一文化,两者有着根本上的差异。如果你生活在16世纪的欧洲,也就是比科学的单一文化早一百年的时代,几乎可以确定你会通过宗教与迷信的主宰故事来理解自己的生活。当时民众的生活围绕着天使与魔鬼。当伽利略否定罗马天主教会的教义,主张太阳而非地球才是太阳系的中心时,他被教会指控为异端,并且被判处终生软禁。逐出教会与灵魂遭受永恒的诅咒,这些都是真实的威胁,而你可以直截了当地拿钱出来赎罪,好让自己及早离开炼狱。宗教是当时的时代精神。

单一文化指的不是每个人都相信完全一样的东西

或行事的方式完全相同。尽管如此，但在单一文化中，我们最终拥有共同的关键信仰与假定，这些都是指引生活的指南针。身处单一文化之中，我们总是察觉不到它的存在，唯有在单一文化被取代多年之后，我们才感受到它的形迹，并且在不断试错中找出它的疆界。虽然没有人清楚告诉我们主宰故事是什么，或主宰故事的规则是什么，但不知怎的，我们还是能知道主宰故事怎么运作。在单一文化中，我们养成了根深蒂固的价值观，知道自己在职场上、家庭里与社群中背负什么样的期望——尽管我们有时不愿迎合这些期望。我们不会追问这些期望最初是从哪里来的。它们就是存在着，而且会一直存在，直到我们期望的事情变得不一样；尽管我们说不出我们改变了什么，或如何改变。

单一文化虽然具有无可抵挡的说服力与渗透力，但并非不可逃避。人类的经验终究会偏离单一文化与主宰故事，因为人性不像主宰故事所说的那么单一。人类的经验总是比单一叙事来得深广，在经过一段时间之后，我们就会开始渴望单一文化不能表达也不能给予我们的东西。一旦你知道单一文化的样貌，你就可以判断单一文化是否符合你的人生目的,你是否想超越单一文化,生活在更宽广的人性价值光谱中——了解单一文化,你就能将它抛诸脑后。

在我们这个时代,也就是在 21 世纪初,单一文化的主旨不是科学、机器与数学,也不是宗教与迷信。在我们这个时代,单一文化的主旨是经济。由于经济故事的兴起,你的世界的六个领域正以微妙又不那么微妙的方式变迁着——或已经改变。在此单一文化中,你关于以下六个领域的想法——你的工作、你与其他人及与自然世界的关系、你的社群、你的身体与精神健康、你的教育,以及你的创意,正受到或已然受到经济价值与经济假定的塑造。

思维决定行为,这个时代兴起的单一文化不仅改变你的心智,也改变你的人生。

2　经济故事改变一切

一般来说,熟悉的东西,恰恰因为熟悉,所以不为人所知。

——黑格尔

诗人穆里尔·洛基瑟（Muriel Rukeyser）说："宇宙是由故事组成的，而非原子。"我们也是由故事构成的。我们用故事来捕捉昨日，确保明天。故事告诉我们，我们可以从他人和生活中期待什么。世界上有多少人，就有多少种讲故事的方式，也就有多少故事等着被讲述。那些让我们产生深刻共鸣的故事，可以伴随我们一生。好的故事，说得精彩的故事，能让你发现你渴望着某件东西，尽管你连这东西的名字都说不上来，甚至连自己也没察觉你正渴望着这件东西。

从某种意义来说，我们一直不断在说故事。我们每天都活在故事里，在别人的生活里扮演或轻或重的角色。不知何故，我们开始把自己参与的各种叙事结合起来，交织成一件东西，帮助我们了解世间万物的道理。身为说故事的人，我们以自己的观点来了解自己的生活，根据自己了解世界的方式，来赋予各种事物意义。我们是怎么做的呢？我们如何知晓我们从何处来，往何处去？我们眼前所有的故事有何意义？这些故事对于我们此时此地聚在一起的故事——正缓慢被书写的故事——有何重要意义？

这些问题的答案，有助于我们建立个人的神话，这是一种支持我们说故事的隐藏结构。精神分析学家琼·辛格*表示："个人的神话不是你自己想象出来的。它们不是虚假的信仰。它们不是你为了解释周遭环境与自己的行为而对自己讲的故事。更精确地说，你的个人神话是一个充满活力的基础建筑，能指引你的生活，无论你是否察觉。无论有意还是无意，你依靠你的神话生活。"[1]

你的个人神话，也就是指引你的生活的基础建筑，并非存在于真空，它的四周环绕着精彩纷呈的文化故事。这些庞大的文化故事植根于社会活动领域，这些领域虽然彼此联结，却又各自区别，这些领域反

---

* 琼·辛格（June Singer），荣格学派心理分析师，有着三十余年教授分析心理学和个人执业的经验。于美国西北大学获得博士学位，在瑞士苏黎世荣格学院受训成为荣格心理分析师。辛格博士是美国芝加哥荣格学院的创始人之一，亦是跨区域荣格分析师学会的创始人之一。她的著作有《爱的力量》《双性同体：内在的对立面》等。（本书脚注皆为编者注。）

映了人类对政治、宗教、经济、美学、知识与关系的追求。我们理所当然地接受了这些文化故事,几乎未曾感受到它们的存在。我们把这些文化故事直接当成现实——无论现在还是过去,一直如此。这些文化故事绝大多数仍隐藏在暗处,我们知其然,不知其所以然,但我们并不因此感到困扰,因为这个世界上还有许多我们需要注意的东西。

在这些文化故事当中,如果有一个文化故事逐渐拥有了主导性,就表示主宰故事出现了。主宰故事开始改变其他的文化故事,而随着更大的背景的改变,你的个人神话——那个充满活力的基础建筑——也随之改变。一个新的统治模式开始出现。单一文化开始形成。

*

那么,该如何观察单一文化呢?如何发现这种像空气一样四处弥漫、虚无缥缈却又构成生活的事物?我们可以留意,当我们告诉彼此我们和世界应该如何时,我们就可以发现单一文化的影响。生活是什么?

我们听到的是什么样的故事？我们仰赖什么样的故事来生活？

在21世纪最初的几十年里，主宰故事是经济；经济的信念、价值与假定，形塑着我们的思维、感受与行为。这些构成经济故事的信念、价值与假定本质上并无对错可言；它们只是一种视角，用来观察现实的本质。然而，在单一文化中，单一视角会变得根深蒂固，成为唯一合理的现实，我们开始忘记其他的故事，也无法看到单一文化的全貌，更难以对它提出质疑。我们把单一文化当成真实之物，因为我们时常聆听它的故事，日复一日沉浸其中。我们越是理所当然地接受单一文化，越是在生活上接受它的各项信条，我们的生活就越容易受到单一文化的塑造。

当人们认识到单一文化是经济时，大多数人的第一个假定是，主宰故事讲的是钱——如何获取金钱，如何赚到更多的钱，如何花钱，如何钱滚钱，或如何存钱；至于这么做叫消费主义、商业主义，还是物质主义，并不重要。但这种说法只说中经济单一文化的表象。单一文化的议题的确以钱为中心，但这则经济故事蕴含着更微妙且深不可测的信念与假定，这些信念与假定可分为三类：身为人类，你是谁？这个世界是什么样子的？你与世界如何交流？

*

在经济故事里，人性呈现出特殊的一面。经济故事对于"身为人类，你是谁？"这个问题，有许多可说之处——什么东西能激励你？你的目标是什么？你是如何思考的？经济故事试图根据你的内在本质，来了解与预测你的行为。

从一开始，在经济故事里，你就是一个个体。约翰·多恩（John Donne）曾说过："没有人是一座孤岛。"但在经济故事里，你从根本上就与其他人分离。虽然你实际上至少属于一个团体——你出生在一个家庭中，但经济故事并不将你看作一个群体的成员，不认为你必须承担群体的义务与责任。相反，经济故事把你当成一个个体，独立于他人。在往后几章你将看到，这种设定将产生一些影响。

经济故事也说，身为人类，你是理性的。在经济学思想中，你是理性的不表示你是通情达理的或你是思绪清楚的思考者。你是理性的意味着当你面对一项选择，你会经历三个阶段来做决定。假定你知道自己的目标是什么，首先，你会列出所有可以达成目标的方法，你会衡量每一种可能的利弊得失。其次，你会分析哪一种做法最有效率——能最直接地让你获得最大的成果，同时花费的资源最少。最后，你选择最有效率的做法，因为在经济故事里，最佳的选择永远是最有效率的选择。这表示，你的最佳选择永远不会是风景优美的路线，你使用的资源也绝不会超过必要所需。[2]

在经济故事里，你是自利的，而且是尽可能地自利。自利与自私不同。自私是只关心自己，不管他人死活。自利是做自己想做的事，努力改善你的状况或处境。经济故事说，作为一个自利的人，每次做决定时，你都会不断计算在特定情况下什么对你最有利，什么对你不利。[3]

塑造一个理性和利己的人可能听起来相对无害，但这种思维方式是有影响的，因为这种思考完全基于以下假定：你知道自己身处什么状况，你知道自己能做什么选择,你知道自己想要什么。但这些假定不一定能成立。例如,把自己可以执行的选择一一列出,这似乎是不太可能的事。经济学家提勃尔·西托夫斯基*把这种状况比成在中国餐馆里拿了一大张菜单,然后开始分析你的选项。现在在你的眼前有这么多菜可以选择,经济故事说,你知道自己最想吃的是什么,因此会点自己最想吃的那道菜;从表象来看,我们假定你的行为可以表现出你的偏好。但西托夫斯基说,菜单上有九成的菜,绝大多数人都看不懂,因此最后人们一定会点自己以前吃过的菜,或者是点新的菜,但发现不合自己的口味。[4] 我们做决定时,很容易忽略重要的信息,我们并不像我们所想的那么理性——这种状况越来越受重视,以致有些经济学家现在反而认为我们的行为是非理性的,而且会有系统地做出错误的决定。[5] 即使如此,经济故事仍认为,身为人类,你是理性且自利的。

---

* 提勃尔·西托夫斯基(Tibor Scitovsky),出生于匈牙利,最早在布达佩斯学习法律,后来就读于剑桥大学的三一学院。"二战"之后,他获得了斯坦福大学的终身教职。20 世纪 60 年代,西托夫斯基在位于巴黎的经济合作与发展组织(OECD)工作。1976年,他出版了自己最负盛名的著作《无快乐的经济》。

经济故事认为,你的行为就是你的想法,因为你想得到你想要的东西,所以其他人可以从你的行为看出你想要的是什么。如果你买了一件蓝色衬衫,我们会假定你肯定想要一件蓝色衬衫。如果你买了冰激凌,我们假定你就是想吃冰激凌。经济故事其实并不是很在乎"**你要什么**";经济故事对于你偏好的"**内容**"少有着墨。如果你想靠着饿肚子、吃甘蓝菜与多走几步路来减肥,那是你的选择。你是唯一能决定自己偏好的最终权威,你的行为表现了你的偏好。[6]虽然你要的与你偏好的东西可以经由广告、传统、改变的环境或自身的经验来加以形塑,但经济故事依然认为你了解自己,你知道自己的偏好,你知道自己满不满意上次做的选择。[7]也许实际上并非如此,但经济故事是这么说的。

在经济故事中,你要像企业家一样思考与行动。法国经济学家让·巴蒂斯特·萨伊*是"**企业家**"这个词的创造者。他说,企业家把资源从一地转移到另

---

* 让·巴蒂斯特·萨伊(Jean-Baptiste Say),法国经济学家,古典自由主义者。他是继亚当·斯密、大卫·李嘉图的古典经济学派兴起之后的又一个经济学伟人。

一地,以创造更高的生产力与更高的收益。如果你是企业家或者正以企业家的姿态行事,那么无论你走到哪里,你都在提高生产率、利润和增加价值。[8]

此外,你也是永不餍足之人。你的欲望是无止境的,而且会在激励下去满足无止境的欲望,尽管永远不可能做到这点。由于你永远无法满足自身的欲望,因此一辈子都将被一件事所驱使:对满足的渴望。[9](心理学家认为,人的动机远比这种说法更复杂也更微妙,但那是另一个故事了。)每个人都跟你我一样有着无止境的欲望,因此世上的资源一定无法满足我们。换言之,资源是稀缺的。

这引领我们来到下一个话题:世界是什么样子的?

*

在经济故事里,世界是由市场构成的。[10]市场里充满跟你我一样的人,大家在这里买卖商品与服务。有时,你是买家;有时,你是卖家。市场的变化取决于你是买还是卖。

如果你是市场世界的卖家，经济故事会说你是个小企业家，想在市场获利。你也许是当地农贸市场的商人。你跟其他商人一起贩卖货物：新鲜的蔬菜与花卉、香肠与饼干、罐头食品或手工艺品。如果有人抢购你的商品，你可以抬高你的卖价。如果你的商品乏人问津，那么你必须降价求售。换言之，价格由供需力量决定——不是你。经济故事说，身为卖家，你没有能力影响价格。

同样的故事也可以用来说明薪资：你的工作的价格也是由供需力量决定的。如果你觉得自己的薪水太低，那么该怪的不是雇主，而是市场。决定薪水的不是老板，而是市场。如果不容易找到帮手，那么你的薪水会提高。如果人浮于事，那么你的薪水会降低。每个人都是平等的，你的老板也基于理性在盘算。这意味着你的老板会做出最符合效率的选择，他会雇用能胜任且花费他或她有限资源最少的人来工作。

如果市场世界让你受苦——因为东西价格太高，你买不起，或者你卖的东西价格太低，让你无法维生——你无法责怪任何人，只能责怪市场。但终究来说，市场并不是特别冲着你而来的，它不是故意给你苦头吃。[11]现实就是如此。因此，即使零售业大厂、跨国能源公司与全球科技公司的规模足够庞大、力量足够强大，以至于可以影响价格与薪资，经济故事依然坚持以上说法。

如果你是市场世界的买家，无论你知不知道这一点，你都协助监督市场。身为买家的你走进农贸市场，你逛了一个又一个摊位，商人忙着彼此竞争，都希望能跟你做成生意。因为你是买家，而且你是理性的，所有商品在你面前都是平等的，所以你会购买最有效率的商品——既能满足你的需求，又用最少的资源。提供商品给你的卖家越有效率，商品价格就会越低，你就越有可能购买。经济故事说，市场在争取买家的竞争中获得调节，因此不需要由市场以外的事物——如政府——来进一步调节。

在经济故事中，买家与卖家是有效率的，在市场世界中也一样。当买家有效率时，会尽可能用最低价格满足自己的需求；当卖家有效率时，会用最低成本生产最好的商品。买家需求增加，卖家供给就会增加。当供给与需求达到均衡时，市场就达到最适状态。卖家不需要超量生产,而买家也不用超额购买,于是卖家提供的商品与买家购买的商品自然而然相等。经济故事说,这种效率可以避免人们浪费资源。大家应该还记得,我们说过资源是稀缺的,因为人的欲望无限,因此资源一定无法满足人的欲望。当市场与市场内的竞争遍布全世界时,市场世界就能达到最优效率,这就是自由贸易的论点所在。

经济故事说,市场世界的大小并不固定,它能发展到什么地步并无限制。实际上,我们会把一些事情排除在市场之外,例如性、生育后代、人体器官、政治职位、奖赏与荣誉、爱情与友谊、毒品及杀人。将这些领域与市场区隔开来,意味着在这些领域进行买卖通常是犯法的,例如性交易、贩卖儿童、买卖器官、买卖参议院席位、买卖诺贝尔奖、买卖可卡因,或者就算是殴打某个你认为死不足惜的人,即使有人愿意针对这些事物或行为进行买卖,法律也是不允许的。[12]尽管如此,经济故事仍认为市场的运作应该毫无限制,而这引领我们更进一步来到第三个话题:你与市场世界如何交流?

＊

　　根据经济故事的说法，你可以任意进入或离开市场世界。身为买家，你可以自由选择买或不买。如果你想要某件东西，而且你也付得起价钱，那么这件东西就是你的。如果没有东西合你的意，那么你可以"用钱投票"，什么都不买。如果在市场世界里，你无法跟其他人一样随意移动，也许因为你是小孩或老人，也许因为你很穷，也许你有学习障碍或精神疾病。因此你无法跟其他人一样独立，任意进出市场。在这种状况下，你可能发现自己很难做出选择或做出最佳选择——而你必须做出选择，才能让市场运作得更有效率；或者，你可能没有足够的金钱，因此连市场都无法进入。有时候，你的"最佳选择"根本不算选择。如果你只拥有两个选择，一个是饿死，另一个是以被敲诈的高价向镇上唯一的卖家购买面包，这时你进出市场的"自由"，根本算不上自由。

　　经济故事承认"选择自由"是有限的，而且表示市场里的买家拥有的机会越多，获得的福利就越大。经济故事也认为，你在越多的生活领域拥有越多的机会，就越自由。[13]选择意味着竞争，在经济故事里，竞争是好事。少了竞争，价格就不会按照预期的方式运行，市场世界也会失去活力。这就是价格固定是非法行为的原因，而垄断也不可取，至少从买家的角度来看。

竞争在经济故事的个人层面也很重要。身为理性、自利的个人，你是通过与他人的竞争来和市场世界互动的。你与其他工人竞争工作。你与其他买家竞争卖家出售的物品。你与其他卖家竞争买家。无论你在市场世界扮演什么角色，你都在与人竞争大饼，而这偏偏是一块不够所有人分的大饼。因为资源是稀缺的，你必须选择自己要什么，然后与其他人竞争仅剩的一点东西。你可以通过与他人比较，看出自己在这场竞争中的表现。谁落后？谁领先？你越抢在前头，就越能得到更好的东西。

在市场世界中，你跟其他人的关系主要是竞争关系，但这种关系一般来说是非个人的与交易性的，这是一种买卖关系。你不一定要跟对方成为朋友，也不需要认识他们才能跟他们做生意。两个理性、自利的人进行交易，银货两讫之后，两人就毫无瓜葛。

根据经济故事,你在市场世界的个人经验,会受到你对市场的了解程度的影响。你的信息越优质,获得的福利越大。有了完美信息,就能做出最佳决定——最有效率的决定——因为你是理性的,你会用最低的可得价格购买能满足你需要的东西。当然,没有人能拥有完美信息。相反地,你拥有的多半是不对称的信息:潜在的受雇者通常比面试者更了解自己有什么技能,不动产中介通常比买房的人更清楚房地产的状况,医生通常比病人更了解医疗上的问题。信息不对称使你很难做出最佳选择,经济故事却说,你拥有的信息越多,越能做出较佳的选择。

在经济故事里,经济增长,生活就会改善。当一国的经济产出——国内生产总值——增长,我们便认为该国的经济增长,而该国民众的生活也会得到改善。经济故事说,国内生产总值增长,生活水平上升,国家人均收入提高,你的孩子最终会比你获得更多机会。医疗、教育、艺术、社会项目,都会获得政府经费。简言之,经济增长促成社会发展。

许多评论者认为,经济增长不是故事的全部;增长是好是坏,取决于增长的内容。如果你住的社区犯罪率上升，那你可能会买一支枪，雇一名保镖，因为你觉得走在街上很不安全。在这种状况下，枪支与保镖服务的交易大增，国内生产总值增加，经济增长——虽然你的生活水平从官方的数字来看得以提升，但你的生活质量并未真的提高。但在经济故事里，经济增长无疑是一件好事。

简言之，在经济故事里，你是个理性、自利且具有企业家精神的个人，你试图满足自己无穷的欲望，不管它们是什么。这个世界是个市场世界，充满买家与卖家。价格是供需力量决定的，供需力量来自市场，而非来自人，它不是个人所能操控的。在市场世界里，卖家努力求取利润，买家努力用最少的资源购买商品。这个世界是由竞争所调控的，卖家争取买家，取得效率，稀缺的资源因此不会被浪费。市场与竞争越是广泛，越能达成最优效率，而市场的规模与成长是无限的。当你跟市场世界互动时，你可以任意进入与离开市场。选择越多，获得的好处越多；选择可以刺激竞争，没有竞争，市场无法运作。你拥有的信息越多，越能做出更好的决定。你与每个人竞争，而每个人也跟你竞争。经济关系是非人的、匿名的与交易性的,经济增长可以促进社会发展。

现在我们已经知道经济故事对于以下三个问题的看法:我们是谁,世界是什么样子的,以及我们如何与世界交流互动。接下来,我们要探讨经济故事如何在日常生活中运作,如何创造出单一文化,使所有人都受到经济故事的约束。

你将会发现:在生活中相互依赖但又截然不同的领域——这些领域曾经被更广泛的思想所支配,经济故事中的不同元素是如何被采用,或者已经被采用的。在往后六章,你会看到经济故事如何运作。你会发现经济故事的假定如何改变你的想法与行动,而我们将从你的工作、你与其他人及自然世界的关系、你的社群、你的身体与精神健康、你的教育,以及你的创意这六个层面来探讨。

你会看到,一则故事如何改变一切。

3 越来越不稳定的工作环境

因为我们业绩增长,所以才能在经济不景气时设法维持雇用人数,这种说法是不正确的。应该说,因为我们努力维持雇用人数,所以业绩才能增长。而这也迫使我们寻找新的使用者,以及为既有的产品开发新用途……我有时感到纳闷,为什么大家不好好想个法子,努力让雇用人数持续增加。

——IBM 管理人员,1954 年

如果世界就像个巨大的市场,那么每个员工将必须与世界上每一个能做相同工作的人竞争。能做相同工作的人比比皆是,而且这些人中有许多人一直处于三餐不继的状态。

——安德鲁·葛罗夫,
英特尔总裁兼首席执行官,1995 年

我会离开这家公司吗？听好，我最重视的就是忠诚。事实上，我觉得自己获得的薪资里头，有一部分就是支付给我对公司的忠诚。但是，如果别的公司愿意出更高的价钱购买忠诚，那么我会毫不犹豫地前往愿意出最高价收买忠诚的公司。

——德怀特·施鲁特，《办公室》，2005 年如果你是 20 世纪 50 年代的全职雇员,你一星期大约要工作 40 个小时。原则上,你可以一直干这份工作,到退休为止。从星期一到星期五,每天你都要到老板办公的地方上班,老板叫你做什么,你就做什么。你清楚自己的工作内容,因为每一份工作都有明确具体的任务。你的工作要接受监督。你在公司内部会持续轮调与晋升。解雇——如果发生这种事——是根据年资:后进公司者,先被解雇。承受经营决策风险的是股东,而非员工。你的薪资与你的表现不一定真的相关。如果你和你的同事都能获得高绩效的报酬,那么这么做并不是用来区分你和你的同事的。[1] 而且,大多数工薪阶层的薪资差不多。1820 年,大约只有 20% 的人从事领取薪资的工作;1900 年,占比增加到 50%;2000 年,已有超过 90% 的人为公司工作,其中一半的人就职于大公司。[2]

回到 20 世纪 50 年代,员工与公司的关系牵涉承诺与互惠;员工努力工作以换取薪资与晋升,公司对员工负有承诺,以换取员工的努力工作与忠诚。公司投资训练员工,培养员工技能,从公司内部晋升员工。长期的雇佣关系,稳定而固定的晋升与加薪,这些都使员工能计划拥有自己的房子,并且送自己的子女上大学。相对地,员工会对公司忠诚,不会随意跳槽,愿意待在同一座城市或同一家公司数年,甚至几十年。[3]如果员工偶尔需要长时间工作,其造成的冲击也很容易缓解。家里的事可以交给女性处理,这时,女性(例如母亲、祖母、妻子、姐妹或女儿)通常不会外出工作。

之后,故事变了。

*

经济故事告诉我们,在全球经济之下,每一家公司都必须在全球市场竞争。由于投资人总是寻找下一个投资目标,资金也不断在国际间流动,在这种压力下,公司必须进行有效率的竞争,以吸引投资人。[4]公司进行有效率竞争的一种方法是拥有弹性较高的劳动力——公司与雇员的关系不那么紧密。对绝大多数公司来说，劳动力成本是主要费用，因此若能在有工作时雇用员工，无工作时遣散员工，绝对能增加公司的竞争力。这意味着往未来延伸的雇佣关系已无存在的必要。现在，工作完全取决于公司不断变化的需求。如果公司有工作，你就有工作。公司没工作，你可能就没工作。

结果，公司与员工不再互相承诺。公司逐渐限缩工作保障，对员工训练的投资也在减少。尽管如此，公司仍期望员工对工作表现出热诚。另一方面，员工的流动性变高；如果有竞争的公司前来挖人，员工会认真考虑跳槽。员工也必须持续提高自己的工作技能，以确保自己能吸引潜在雇主。许多员工想回学校接受训练，但他们必须花费时间与金钱。此外，如果训练不足，员工会有落后他人的风险：在竞争的工作市场上，你将陷入别人有资质而你没有资质的窘境。

那些在公司工作量减少之时遭到解雇的员工，也许能以顾问或承包者的身份重新被雇用。根据经济故事的说法，劳动力的弹性增加，表示员工的机会随之增多：成为自由工作者，意味着你终于终止了你与公司之间荒谬而不正常的长期关系。你会变得更有保障,拥有多元客户要比只为一个老板工作安全得多。你可以赚更多的钱。你的工作会让你更有活力,获得更多的报酬,感受到更多的乐趣。你原本潜藏的自我将浮上台面,你会发现自己是谁,以及了解自己这辈子真正想做的是什么。你将发现自我,最终相信自我,并且成为忠于自我与自我完整的人。[5]

你并非孤独一人。在北美、欧洲与亚洲,派遣工作仍在持续增加。但我们现在知道,自由工作者最终赚的钱要比他们当初从事全职工作时**来得少**,获得的福利也较少,例如医疗保险与养老金。[6]有些自由工作者试图兼第二份工作来弥补损失的薪资,但也因此减少了与家人和朋友相聚的时间。研究派遣工作的影响的研究人员说,他们看到了"社会'崩解'的前兆,这些人与社会的关系越来越淡薄"。[7]

*

除了工作保障与长期雇用,经济故事也从企业社会责任的角度,重新看待公司与社会其他领域的关系。商业的存在是为了赚取金钱，这是当然的，相较于教会与医院这些组织，赚钱的确是传统商业的目的。[8]不过，企业的社会责任，连同一些相关的观念，如可持续发展与社会监督，也渐受关注。企业界开始讨论"**利害关系人**"的问题——也就是受公司决策影响的人，当公司决定行动时，这些人的利益也必须加以考量。伦理学家理查德·德·乔治（Richard De George）写道："今日，（商业与社会）之间的使命，不同于昔日商业的单一使命……显然，新指令要求现在的商业在决策时必须考虑工人、消费者与一般大众，还有股东——考量这四者的观点与需求，必须通盘考虑各方的利益。"[9] "利害关系人"就像股东一样，他们也想要结果，但这些结果不会自动以美元与美分来衡量。利润虽然必要，但并不充分。

不断变化的社会使命，以及对利害关系人的重视，表示公司与雇员应该从强调财务底线，转而强调经济、社会与环境责任的三重底线。经济与非经济要素都是企业决策时应考量的东西。

但在经济故事中，公司应该考虑的非经济要素被重新赋予了新的框架，也就是说，被重新设定了新底线;公司"**可以通过做好事来做得更好**"。[10]根据这一理念,在道德行为上"做好事"的公司最终也会在财务上"做得很好"。换句话说,道德是有回报的。[11]正如一位公关专家所说:"强有力的证据表明,这类公司——其将与环境、工作条件及隐私有关的价值观和行为规范制度化——可以获得较高的股价、更多的盈余、更饱满的士气,以及满意度更高的员工。此外,善尽社会责任不仅对生意有好处,对企业精神也有好处。甚至有越来越多的人相信,社会责任对于企业声望极为重要,它跟资产负债表上任何一件重要的物品一样,应该被重视,并被视为真正的企业资产。"[12]

经济故事也说,企业公民身份需要从经济角度加以界定。一个让员工保持心理健康的良好的工作环境,值得培育,不是因为我们重视职场心理健康,而是因为这样做能改善组织绩效。[13]工作/家庭的平衡计划应该建立,不是因为我们相信应协助员工处理好工作/家庭冲突,而是因为这些计划可以增强员工对组织的向心力。[14]员工福利计划应该推动,不是因为我们重视健康,而是因为健康的员工具有生产力,而公司的医疗成本必须降低。[15]

就连可持续发展的概念也被重新定义。在经济故事中,可持续发展不再是指追求环境可持续发展的企业活动,而是追求企业可持续发展的企业活动。可持续发展的重点是采取一切必要手段维持企业的成长与获利。换言之,经济故事让企业从三重底线回到经济底线。

*

所以,当道德不能带来好处时,会发生什么事?当道德行为造成成本上升时,会有什么样的后果?告密者通常因为告发企业的不当行为而遭到开除。他们很少能回到原有的工作岗位,甚至连回到原领域工作都不太可能。学者C.弗雷德·艾尔福(C. Fred Alford)表示:"一个核动力工程师沦落到美国无线电器材公司(Radio Shack)卖计算机,就是典型的写照。"[16]

尽管如此,经济故事还是坚称鱼与熊掌可以兼得,道德与利润必须择一只是个幻觉。荷兰皇家壳牌公司一份可持续发展的报告提道:"我们希望通过这份报告与未来的行动证明,商业与社会的基本利益完全是兼容的——在获利与原则之间不只是二选一。"[17]条条大路通罗马,这当中不是零和的选择。

然而,对许多人来说,利润与原则依然存在着冲突。管理学教授彼得·普鲁赞(Peter Pruzan)曾经举办一场研讨会,邀请以等级管控与强调股东(而非强调利害关系人)利益而闻名的公司管理人员参加。普鲁赞给这些来自西方八个国家的管理人员一份清单,上面列出的"价值"包括成功、爱、专业能力、诚实、信任、财富、创意与权力,并且要求他们思考,哪些价值在他们的个人生活中占有最重要的地位。他将这些管理人员分成小组讨论,然后要求每一组列出前五个最重要的个人价值。稍后,这些管理人员又被要求思考类似的问题,只不过这回他们要思考对"公司"而言最重要的价值——不是官方宣传的价值,而是隐含的价值,这些价值深藏在雇用与辞退员工、进入与离开市场、广告、游说或与工会协商的决定中。

当各个小组比较自己列的个人与公司价值清单时,大家都察觉到,每个小组列出的是两套南辕北辙的价值。这些管理人员的个人价值包括"健康""诚实""美""爱"与"心灵平静",而公司价值却是"成功""权力""竞争力""效率"与"生产力"。

普鲁赞指出,经过这次咨询,他开始描绘出一幅景象:"以股东利益优先的管理人员"工作时,为了管理与组织,而把个人价值抛在一旁;等到一天结束回家的时候,他们又重拾这些个人价值,享受美、爱、友谊与宁静。普鲁赞说,领导者的个人价值与他在工作时宣扬的价值,两者间的差异实在太大,让人觉得这些领导者可能在无意识中罹患了现代形式的"精神分裂症",不仅有害领导者自身的健康,也妨害公司的发展。[18]

员工与管理人员也许希望个人价值与企业价值的差异能缩小,但谁能确定价值结合可以改变目前的状况?员工学习忍气吞声,不再对工作保障存有期望。他们开始想着别的出路。他们认真考虑培养自己可以带走的技能,以便日后跳槽,同时也避免公司为了竞争力与效率而将他们扫地出门。

*

员工也发现,自己现在的工作时间比过去更长。在经济故事里,公司延长既有员工的工时,要比雇用更多员工更省成本;因为每增添一名新雇员,就会增添额外的管理费用。77%的美国员工每星期工作超过40个小时,对于主收入工作的环境"非常满意"的人不到一半。与欧盟国家相比,北美国家更常出现"一直"持续密集工作的状况,造成员工压力过大与过劳。[19]日本有一个词形容"超时工作造成的猝死":*karoshi*。[20]在中国,它则被称为"过劳死"。据估计,每年约有60万人因超时工作而死亡。[21]

在美国,长时间工作原本是低薪员工才有的现象。但到了2002年,根据美国国家经济研究局(National Bureau of Economic Research)的研究,高薪员工长时间工作的概率是低薪员工的两倍。律师就是最好的例子。当按时计酬制度刚引进律师事务所时(在此之前,律师是按件而不是按时计酬的),律师一年工作的时长在1200到1500个小时之间。今日,律师一年的工作时长是1800到2000个小时;美国有将近一半的执业律师每年至少工作 1900 个小时。此外，每一个计费小时都会牵涉不能计费的行政管理时间，因此律师实际的工作时长应该至少有 2000 个小时，换算起来是一年 50 个星期，每周 6 天，每天工作 10 到 11 个小时。[23]

除了工作时间长外，律师患抑郁症的比例是普通人的 4 倍，滥用药物的比例是普通人的 2 倍。2/3 到 3/4 的人认为自己压力很大，其中，1/3 的人表示工作压力过大，伤害了他们的身心健康。[24]然而不论是好是坏，能否长时间工作往往决定了律师能否继续在事务所工作。美国律师协会的入门书《成为合伙人》(*Making Partner*) 曾向年轻律师进言："如果事务所希望你一年至少工作 1850 个小时，此时有两名律师的工作表现一样好，那么对事务所来说，愿意工作 2000 个小时的律师会比工作 1850 个小时的律师来得有价值。律师越辛勤工作，为事务所带来收益，表明他或她正像老板一样思考。"[25]

律师不是唯一超时工作的高薪工作者。保险业巨人美国人寿保险公司前任董事长兼首席执行官罗伯特·德夫林（Robert Devlin）在接受访谈时提道：

"我通常一天工作 18 小时。我一天睡觉很少超过 5 小时。至于我怎么看待这件事？这么说吧，我告诉员工和高级主管，这是一份一周 7 天、每天 24 小时的工作。我的意思是说，例如现在，我们显然手边没事，我会鼓励员工休息。然而事实上，如果有状况发生，我们星期六、星期日也必须熬夜加班，并且一直工作到隔天清晨——我的意思是，我们一直在开会处理事情——尤其遇到公司兼并与收购时。我们走出公司的时间往往是早上 4 点 30 分。要干这一行，必须做好这样的准备。如果办不到，奉劝你最好换份工作。"[26]

长时间工作会让人无法兼顾其他的事，例如照顾孩子、照顾父母、维修房子、自己下厨，以及维持与朋友、家人和其他重要人物的关系。当员工把家庭看得比工作重要时，他们会在职场听到批评的声音；而当他们把工作看得比家庭重要时，他们便免不了听到家人的抱怨。有些人甚至都不确定自己是否有时间组建小家庭，或为家庭增添成员。

然而，经济故事认为，长时间工作与无法兼顾工作以外的义务是你个人的问题——不是公司的问题，也不是社会的问题。那是你自己要想办法解决的问题。即便已经有学者表示,今日的家庭以双薪家庭居多,但公司安排工作的方式还是依照过去的家庭形式,仿佛员工还跟过去一样可以几十年待在同一家公司工作,而他们的妻子可以全天候在家做全职主妇照顾家庭。[27]

也许真的有人不超时工作,也拒绝那样的生活,但这似乎无法改变整个趋势。

在经济故事里,你的工作就是如此。

4 忙到没时间经营亲情 自然世界变成投资对象

在我们这个极度个人主义的社会里,我们会认为孤立与孤独就像是"人类的境况",我们不认为它们是某种社会安排下的副产品。

——罗伯特·所罗门

树木顶端的叶子缺乏水分,因此每单位面积能进行的光合作用不如其他部分的树叶……大体来说,植物投入一定量的资源在那些组织上,却没有收到同等的回报。

——生理生态学家,BBC 新闻

不管你觉得自己与世界息息相关，还是觉得自己漫无目的在世上漂泊，你都不得不与其他人，以及环境纠缠在一起。你在家庭中出生，也许会拥有自己的家庭——重要的某些人、子女、父母、兄弟姐妹、祖父母、叔伯姑姨、堂表兄弟、侄女外甥。无论你喜不喜欢，你一定会与人产生联系。有人说，朋友是你自己选择的家人。你也有邻居，无论你向他们挥手打招呼，还是假装没看见他们，他们是住在你附近的人，或者是你经常在邮局、杂货店、健身房、网上遇到的人。然后和你产生关联的是你的同事，也就是跟你一起工作的人，还有通过工作间接跟你认识的人。即使是陌生人，你跟他也会因为共通的人性而产生关联，哪怕是公交车上不认识的人或世界另一端的陌生人。除了人与人之间的关系，你与你周遭的环境——风和水、太阳和雨水——也会产生关联，无论你在城市还是在乡村，不管你在哪里，你总存在于物理空间之中,你塑造着周遭环境,周遭环境也形塑着你。

让我们从家庭说起吧。亲戚关系原本是社会的黏着剂。友谊被认为是奢侈品,亲戚关系却是在不确定的世界里保障你生存的关键。灾难发生时,亲戚有帮助你的义务,你也有帮助亲戚的义务。身为家庭成员,意味着你这辈子都是这一群人中的一员,你因此拥有法律与文化的权利,但也必须承担义务。[1]你应该忠于你的家人,家人也应该忠于你。家庭成员间的合作与信赖关系至关重要。在家庭里,家人会根据你身为家庭成员的需求及你本身的价值来评判你——你有权跟家人同坐一张餐桌,只是因为你是家庭中的一员。你属于这个家。[2]

虽然在历史上,家庭与市场彼此紧密交织(除非家庭能够完全自给自足,但这种状况少之又少),但两者分别划归于不同的活动领域——至少在20世纪50年代,从商业的角度来看,家庭关系被视为市场心态与企业发展的阻碍。[3]在西方世界,市场主要建立在传统的男性养家模式上:男人外出工作,赚取薪资,女人在家工作,但没有薪资报酬。曾有一段时间,绝大多数的家庭都由男性养家;1900年,94%的美国已婚妇女不是有薪的劳动者。[4]

在更大的社群里,你与他人的关系建立在一连串的价值上,例如尊重、爱与愿意优先考虑他人——这些价值可以让你避免过于以自我为中心。是的,你通过买卖行为与他人建立了经济关系,这些经济关系却被以下这项事实冲淡:参与交易的人都是市民社会的一员,而市民社会的建立必须仰仗基本的信任与团结。你的社群作为一个团体,帮助有需要的人,因为这些挣扎求生的人也有自身的尊严与自我价值,这些不会因为他们经济处境不佳而有所减损。社群的目的是帮助贫困者,使他们健康自足,并且建立与加强人和人之间的关系,让大家一起为社会做贡献且有自己的一席之地。[5]这就是家庭与社区拥有比市场高的道德地位的原因。[6]

大自然也拥有崇高的道德地位。有些人从自身的人性出发,开始重视人与自然的关系,他们相信自然值得爱护,因为自然有益人类健康,具有美感,而且有助于塑造人对自身的认同,因为人是被自己的生长环境塑造出来的。另一些人则是就自然本身来重视自然,他们认为人应该爱护自然,因为其他有知觉的物种也有权利在自然中生活；或因为他们尊重所有的生命，无论这些生命是否有知觉；或是基于上帝的缘故，因为自然反映了上帝的秩序，是上帝的创造。[7]

然后，故事变了。

*

经济故事说，在同一物种中，竞争比合作更重要，有一股驱动力驱使你追求自身的利益，不断计算自己能得到多少好处；别人也是一样。身为团体的一员，不表示你必须追求大我。你参与不同的团体，不是为了团体的利益，而是为了自己的利益。反过来说，你所属的团体会客观地根据你的表现及你对他们的价值来评价你，而不是根据你身为人类的需求与内在价值。

现在，你的好坏完全根据你最近一次对团队的贡献来判断。你的表现良好与否决定了你和他人的关联。社会学家齐格蒙特·鲍曼以真人秀来说明这种现象："最受欢迎的真人秀是以最露骨的方式公开预演人可以'**用后即丢**'。他们把恩赦与警告融合在同一个故事里。没有人是不可或缺的,即使为团体尽力,也没有人有权分享共同努力的成果;什么也没做,只单纯作为团体的一员,更不可能分一杯羹。对于努力的人来说,生活是一场艰难的游戏。每一场游戏都从零开始,过去的贡献完全不计,只根据最近一次的决斗来计算你的价值。此刻,每个玩家只为了自己。为了过关,当然也为了爬到顶端,每个人必须先跟他人合作,把其他碍事的人除掉,最后再与跟自己合作的人一决胜负。"[8]

别忘了,经济故事说,你生活在市场世界里。在市场中,身为买家或卖家,你在人群中的价值取决于你通过消费或赚钱对经济做出贡献的潜力或实际能力。为了让市场世界有效运作,你必须做出选择,消化各种能帮助你做选择的信息。只要你愿意,就能做出新的选择。因此,那些受学习障碍之类的东西阻碍的人"被认为只有边际经济价值"[9]。你越靠赚钱或花钱来推动经济发展,你对别人就越有吸引力。你们的关系纽带主要是经济纽带,你们的关系也是事务性的。你学习规避长期承诺,只要银货两讫,你跟对方就毫无瓜葛。

到了2000年,61%的美国已婚妇女在外工作,完全扭转了男性养家模式,也使双薪家庭成为常态,而非例外。[10]今日,无论你是单身还是拥有伴侣,很有可能面临家中无人打理家务的局面,这表示随着你的工时越来越长,你将越来越难兼顾工作与家庭。

与此同时,市场持续发展,甚至为原本属于无酬劳动的家务工作提供服务。你会发现,你可以雇人帮你煮饭、带孩子、照顾年长亲人、打扫房子、报税、遛狗、割草与修剪树丛。家务工作外包可以减少你承受的时间压力。学者阿莉·拉塞尔·霍克希尔德*说:"当居家时间变得跟工作时间一样必须加以'节省',甚至变得比工作时间珍贵时,家庭生活俨然成了第二轮班;讲求效率原本只出现在职场,现在也在家中生根,甚至开枝散叶。效率不仅是达成目的的手段——为了腾出更多的在家时间——而且也成了生活

---

* 阿莉·拉塞尔·霍克希尔德(Arlie Russell Hochschild),加州大学伯克利分校社会学系荣休教授,当代美国知名社会学家,在性别研究和家庭社会学领域享有盛誉,同时也是情感社会学领域的重要学者。著有《心灵的整饰》《故土的陌生人》《职场妈妈不下班:第二轮班与未完成的家庭革命》等多部畅销著作。

方式,它成了目的本身。"[11]

当工作与家庭需要你投入越来越多的时间和精力时,你会发现重要的人际关系成了次要之物。不是你想离开你的配偶、家庭与亲密朋友,而是你没有花时间与精力在这些关系上,这样很可能就会跟他们越来越疏远。[12]无论如何,在经济故事里,社会报酬的高低根据你在领薪工作里的绩效而定,与工作以外的生活无关。

就连家庭的义务也会成为你的负担。人们生育的孩子越来越少,理由各色各样,包括宗教、意识形态与偏爱的生活方式,但无论是哪种说法,"缺少时间"永远是理由之一。[13]许多人在生孩子或再生一个之前会考虑再三。研究者西尔维亚·安·休利特(Sylvia Ann Hewlett)提道,尽管90%的成功女性想组建家庭,但许多没有生小孩的中年女性管理者在不知不觉中丧失了生育的选择。休利特解释说:"想一想,一周工作55个小时,这在工作与生活的平衡上意味着什么。如果再加上1小时的午餐时间与45分钟的来回通勤时间(全国平均时长),那么工作日的工时将增加到近13个小时。即使没有'额外的工作时间'

（出差、应酬、各种任务），这样的工作时间表对任何专业人士来说，也很难维持正常的人际关系。"[14]

在经济故事中，孩子尤其代表一种真实的经济风险与成本。选择组建家庭越来越像选择提高经济脆弱度。[15] "人类为了追求事业，牺牲的不只是活生生的人际关系，还有对孩子的照顾，"哲学家查尔斯·泰勒*说，"这样的事情可能一直存在。关键是，今天，很多人觉得自己被召唤去如此做，觉得他们应该如此，觉得如果他们不这样做，他们的生命就会被浪费或没有成就感。"[16]

经济学家史蒂芬·马格林**表示："简而言之，

---

* 查尔斯·泰勒（Charles Taylor），加拿大人，当今在世的、最杰出的哲学家之一。他的著作在人文社会科学、公共事务领域均产生了重大影响。他因其对"现代自我"的思考而闻名于世，是当今西方哲学界，特别是英美道德哲学界首屈一指的思想家、社群主义的主将。曾任牛津大学齐切里哲学与伦理学讲座教授，现任加拿大麦吉尔大学哲学与政治学教授。20世纪70年代以来，泰勒以其对黑格尔哲学的再解读、对原子主义式的消极自由的批评、对社群价值的强调、对西方文化中自我认同观念发展的梳理，强烈地震撼了西方思想界。代表作品有《世俗时代》《语言动物》《自我的根源：现代认同的形成》等。

** 史蒂芬·马格林（Stephen Marglin），哈佛大学经济学教授。1968年，他成为哈佛大学历史上最年轻的终身教授之一。马格林在其漫长的职业生涯中对经济学的许多方面都做出了贡献，如成本效益分析的基础、劳动力过剩经济的运作、收入增长与分配之间的关系。代表作品有《沉闷的科学：像经济学家一样思考会如何破坏社群》。

市场是丧失人际联结的极致表现。"[17]他又说,绝大多数经济学家认为人际联结的丧失是一种美德;市场比社群更有效率,因为社群重视友谊、社群精神,人们自愿为社群工作而不求报酬。当市场开始提供过去在家庭里的无偿服务时,家庭内部的照顾与养育工作便逐渐转交给更大型且更非人化的机构。过去妇女在家无偿照顾家庭,现在与之相比,照顾家庭的成本提高是必然趋势。如果你过去从未因提供照护服务而获得报酬,那么照护成本增加对你来说是好消息,但如果你是需要被照护而无法负担照护成本的人,那么照护成本增加就成了坏消息。但是,即使你负担得起照护成本,钱也无法保证你获得的照护质量。[18]

*

经济故事说,与社群产生联结会产生限制和义务。你的父母或祖父母很可能持续三四十年待在同一个社区,甚至住在同一栋房子里,他们认识的人很可能住在出个声就能听到的距离之内。心理学家玛丽·皮弗*写道:"光是认识彼此,在街上点头打招呼,在咖啡厅或杂货店与人闲聊,就令人感到愉快。搬离真正的家,等于搬离自己的人生。我认为很多人都不了解我们失去了多少宝贵的东西。"[19]

但在经济故事里,原地不动绝非理想状态。经济故事偏爱流动,因为流动促进经济发展。经济故事说,你越流动,越能获得工作、教育、服务与社会活动。[20]就连婚姻也不一定让你跟你的配偶居住在同一座城市里。通勤婚姻的夫妻平日分住两地,各自为事业打拼,关系的维持依赖电话或周末"回家"的航班。你必须一切从简,随时可以打包离开,但这么做会让你无法在一个地方生根,也无法发展紧密而长期的关系。[21]

然而,现在的"紧密而长期"的关系与过去那种紧密而长期的关系不同。在经济故事里,朋友、邻居、和你同社区的居民,甚至陌生人——无论是面对

---

* 玛丽·皮弗(Mary Pipher),美国著名心理学家和作家,哈佛大学心理学教授,美国家庭治疗方面的权威专家,从事临床心理咨询与治疗30多年。她出版的著作《拯救奥菲莉亚》高居《纽约时报》畅销书排行榜长达149周,震撼了200多万人。

面还是在网络上接触的人——都可能是你的潜在观众,无论你做什么,都将在众人心中留下你个人的品牌印象。商业作家汤姆·彼得斯*表示:"当你推广'你'这个品牌时,你做的任何事——以及不做的任何事——都会传达'你'这个品牌的价值与性格。从你在电话里跟人交谈的方式、你传送的电子邮件讯息,到你在会议里开展业务的方法,都会构成人们对'你'这个品牌的印象。"[22]

你的人际关系是一种交易—— 一种达到目的的手段,而不是目的本身。重点是获得更多的观众。如果你能联系上对的人,也就是拥有最多观众的人,那么也许有一天你会获得某些人的帮助,你拥有的这些联结也可能在未来为你带来大量金钱。德国社会学家斐迪南·滕尼斯**把这种联结称为**"社会"**(Gesellschaft),一种用来增加成员利益的联结。社会是本质上毫无关联的一群人,为了寻求利益而聚集在一起形

---

* 汤姆·彼得斯(Tom Peters),美国著名管理学家、管理类畅销书作家,被称为"商界教皇"。代表作品有《追求卓越》。
** 斐迪南·滕尼斯(Ferdinand Tönnies),19世纪末至20世纪早期德国著名的社会学家。德国的现代社会学的缔造者之一。他的社会学著作,尤其是成名作《共同体与社会》对社会学界产生了深远的影响。著名的社会学家马克斯·韦伯曾担任他的学术助手。

成的群体。滕尼斯另外提出了"共同体"的概念,与"社会"相对比,共同体是人基于共同本质而结合起来的群体,共同体成员虽然有时会彼此分离,但之间的纽带就像家庭关系一样,不因利益的有无而受影响。[23]

*

经济故事说,从你们的社群的角度来看,你们可以通过采取企业家或基于商业的方法来解决社会问题,来照顾贫弱与推动社会变迁。这种活动被称为社会企业家精神,旨在让市场为人们服务。社会企业家可以增添价值(在这个例子里指的是社会价值),提供最终可以满足社会需要的新产品与服务,或者推动社会项目,创造社会收益。[24]有人建议非营利组织创造收益来源,这样才能减少对捐款与公共基金的依赖,即便有评论家认为商业导向会带来危险:把非营利组织当成企业来管理,会破坏组织的社会使命。[25]即便如此,家乐氏基金会(Kellogg Foundation)的一份报告指出,非营利组织"正运用企业模式与语言设计服务、组织与合伙人制度……全美国有数百个——或许数千个——组织正在尝试以企业或市场取向来解决问题。而且许多是在传统的组织内进行的,譬如慈善机构、救世军、男童军与女童军、社区粮食银行等"。[26]

根据美国男孩女孩俱乐部前首席营销官暨企业机会执行董事的说法,该组织正在从事社会企业工作,与企业伙伴建立"互惠"的营销联盟。这个联盟成立的基础在于,美国男孩女孩俱乐部的品牌对企业有利,可以协助企业达成目标。美国男孩女孩俱乐部与可口可乐成立了价值达6000万美元的联盟。此外,它也与一些企业建立联盟,如杰西潘尼百货公司(700万美元)、电子产品零售商电路城公司(300美元)、佳洁士/宝洁(330万美元)、惠普(750万美元)、微软(1亿美元)、体育威力(330万美元)等。[27]

在经济故事中,传统的慈善事业无法发挥作用,但是,如果让慈善事业运用创业投资的原则,你就可以获得更好的成果——公益创投。公益创投人士不是捐款人,而是商业计划的投资人。根据这个观点,投资比慈善更有成效；新兴的公益创投人士"不想聆听穷人的说法，也不想知道与这种依赖症候群相关的负面消息"。[28]市场概念应该被用来设计社会产品与社会服务。接受资助的项目不应在未来某一天接受评估——项目的表现应在当下接受衡量，项目应展示出它们的创新性、可衡量的结果与可见的成果。公益创投人士可以计算出他们的投资所带来的社会收益，例如流浪汉从事领薪工作后创造的所得税收入这类可量化的内容；社会收益越高，表示投资绩效越好。[29]

经济故事也告诉我们，公益创投应管理自己与自己投资的非营利组织之间的关系。公益创投可以提供管理知识与现金，也许可以在董事会取得一席之位，监督组织的绩效并且要求组织对结果负起责任，然后在组织可以独立运作之后退场。然而，研究显示，美国非营利部门采取市场价值与市场方法之后，弱化了组织的民主与公民色彩——弱化了这些组织创造与维持强健市民社会的能力。市场强调企业管理与满足消费者需求，这种态度与慈善部门传统上强调公民参与、集体追求公共利益与公平正义的民主理想格格不入。[30]尽管如此,公益创投仍支持以改善经济与教育为重点的项目,并且相信精神与社会财富可以随后获得提升。[31]

*

在经济故事中,有一种公共财富特别重要,那就是环境。经济故事告诉我们,必须珍视自然世界,因为环境价值连城。生物多样性是自然资本,是供我们使用的经济资源的储藏库,这些经济资源都有不同的价格。大地之母是服务提供者,能提供维系生命的生态系统服务。这些生态系统,以及构成生态系统的物种,全以无偿的方式供我们使用。[32]极地地区的生态系统很重要,因为它给予我们具有商业价值的渔业资源,提供粮食、庇护所;我们可以从驯鹿身上取得衣物与工具;极地地区的木柴、草地与泥炭可以充当燃料;它还可以"调节全球空气"。海洋生态系统很重要,因为它代表了潜在可回收利用的能源,以及去除盐分的水供应;调节气候;提供10亿人所需的蛋白质;给予我们海绵发展纤维光纤科技;而且国际贸易有九成依赖海上运输。[33]

在经济故事中,由于自然生态系统免费提供我们这么多的商品与服务,所以生态系统的破坏将造成巨大的财务负债。要显示这些生态系统的价值,最好的方式就是标定价格,这样我们才知道自然遭到摧毁时,将为我们带来多大的损失。2007年,德国举办了"G8+5"环境部长会议,针对生物多样性的丧失与生态系统遭到破坏的经济问题进行全球性研究。在委内瑞拉,"对国家保护区的生态系统进行投资,以防止沉积物沉积,否则每年将造成350万美元的农业损失。在越南,种植与保护将近12000公顷的红树林,成本只不过略高于100万美元,每年却能省下700万美元以上的堤防维护费用……投资危地马拉的玛雅生物圈保护区,每年可以产生将近5000万美元的收入,创造7000个就业机会,同时也将增加当地家庭的收入"。[34]美国自然保育协会、世界野生动物基金会与斯坦福大学的伍兹环境研究所共同合作的自然资本项目,"试图找出可行的方法对看似无法量化的事物进行量化:湿地可以换算成多少美元?你能对雨林及雨林提供给人类的许多服务定价吗?"[35]一名参与项目的国际知名科学家表示:"我们的目标是……证明通过保育的形式对活生生的自然资本进行投资,可以为我们带来非常高的回报。"[36]

换言之,经济故事告诉我们,我们应该保护自然,因为这么做很"**划算**"。从经济的角度来说,这就是双赢。但是,一旦保护自然"不划算",那么经济故事对于保护自然便兴趣缺乏了。"如果你想保护雨林或让物种免于灭绝,就去商学院,学习如何达成交易。"[37]

5 公共部门开始追求经济效益

政府的设立是为了追求共同利益,为了追求民众的安宁、安全、繁荣与幸福;而不是为了追求某些个人或家庭或阶级的好处、荣誉或私人利益。

——约翰·亚当斯,1776年

如何善用纳税人的钱来推动产业发展,这才是最大的挑战。

——迈克·史密斯,美国能源部,2002年人类从聚成群体那一日起,就开始思索在群体中人与人要如何相处,于是通过各层级的政府来规范人类在群体里的共同生活方式。当经济故事传遍你的社群,进入你的政府,并且改变政府对自身的定位,以及政府代替你做决定的方式时,这表示经济故事最后也深刻改变了一些与经济无关的政府组织,例如监狱与公立图书馆。

在经济故事开始传播之前,人类共同生活并且管理自己——根据公共部门和私营部门服务于不同目的的假定来管理自己。公共部门追求公共利益,发展并且投资公共事业,例如卫生、教育与安全这些对整个社群有利的事。私营部门位于光谱的另一端,某种程度上,以金钱收益为其最高追求。规范这两个部门的法律也有所不同:公共部门遵守宪法与行政法;而私营部门在此之外,还需遵守公司法。

公务员遵守一套价值体系,这套价值体系一般被称为公务员的基本信条。根据这些基本信条，政府官员应该是守法的公民，有着光明磊落、诚实无欺的性格，对民主程序负责，忠于共同利益，而且公平地对待他人——不对朋友徇私，也不逢迎上级。[1]

公务员执行公务，对政府负责。政府通过民主程序产生，对民众负责，因此整个系统最终对人民负责。公务员的基本信条使我们对政治生活产生一种印象，认为从事公务是高尚的天职，是投身公共事业与服务社群、国家的工作。虽然不是每个公务员都能达到这个理想状态，但这个理想状态确实存在，而人们也渴望实现这个理想。

然后，故事变了。

*

20世纪七八十年代，研究人员发现，澳大利亚、加拿大、新西兰、英国和美国的政府一改以往崇尚的价值与做法，转而采取另外一套价值与做法。这两套做法（一种称为公共行政，另一种称为新公共管理）的基本差异表现在以下这个问题上：公共部门与私营部门是否截然二分。公共行政认为：是的，公共部门与私营部门不同，两者应该以不同的方式管理。然而新公共管理认为：公共部门与私营部门并非截然二分，私营部门的工具与技术也可以用来管理公共部门。因此，新公共管理在政府内部的兴起，代表了经济故事的扩展。[2]

经济故事说，公共部门充斥着各种问题：公共部门既无效率也无能力，不懂得控制成本，浪费公共财产，服务质量差，公务员容易受到工会与职业团体的影响，凡此种种都让市民感到不悦。公务员与政界人士并未受到为社群与国家服务的天职感召——相反，他们是理性自利的个体，就像其他人一样。公务员也具有企业家精神，他们无所不用其极扩大自己部门的预算。而政界人士想尽办法争取连任机会。[3]

鉴于公共部门存在的各种问题，经济故事认为解决之道是把政府当成企业来经营，把民众变成顾客。政府开始重视企业重视的事：改善质量、提高绩效、削减成本、提高生产力、提供更好的服务、迅速回应顾客需求，以及建立最佳表现的标杆分析。成本控制与绩效提高，取代过去那套发展与投资公共事业的哲学。政府内部引入竞争,方式是通过外包、去管制化、民营化与商业化,让政府更有效率,更能回应民众的需求,以此来争取民众的支持。[4]

根据经济故事的理念,原本负责提供公共服务的公务员应该把手上的工作外包给私营部门,并且从执行的角色转变成监督的角色。[5]然而私营部门不对民主程序负责,因此外包有可能引起一些疑虑,例如社群、民主与公共利益是否会随着公务员基本信条的消失而遭受损失。[6]

*

随着经济故事传播进政府,以经济学为基础的语言也开始顺着政府的新思维与新推论发展。这是一种会计逻辑。[7]会计逻辑基于两项假定:首先,政府做的任何事都必须以能增加的价值来评估;其次,增加的价值可以与政府在活动上花费的金钱联系起来。会计逻辑表示,如果项目或行动的价值超过成本,那么这是好的投资,值得进行。如果价值低于成本,那么这是坏的投资,不值得进行。

表面上来看,会计逻辑是中立而客观、独立而公平的——它是一种数字比较工作。然而事实上,会计逻辑并不是那么简单明了的东西。公共事业如卫生、教育、识字率与公共安全,这些事物都极难衡量。如果你的城市打算腾出绿色空间兴建公园,那么这座公园值多少钱?如何估算出确切的数字?

会计逻辑也可以用来间接地控制住公务员。会计逻辑从价值增加的角度来衡量公务员的工作,不仅弱化了专业的独立性,也使公务员的行为往衡量的价值标准偏斜。(如果你的绩效考核突然改成以你串起多少回形针为基准,那么你很可能会开始努力将所有的回形针串在一起。)但是,专业人士从事的工作——会计逻辑想衡量的"产出"——很难加以评估,也很难个别地加以比较。[8]

尽管如此,到了2000年,新公共管理已成为世界各国政府承认的重要典范,但没有人确定新公共管理是否真能让政府变得更有效率,能达成更大效果。[9]经济故事把效率与有效这类价值等同于共同利益。"我们该做什么?"这个问题的答案成了"只要有效率就对了"。[10]这种哲学改变了政府的思考与行动。

　　　　　　　　＊

政府是社会上唯一能合法使用武力与强制力维持社会秩序的组织。如果你违反法律，政府可以运用它的权威，剥夺你的自由，甚至夺走你的生命。在美国，如果你被判有罪，政府会把你关进牢里，让你失去自由。

监狱已经存在数千年的时间——囿于经费而偶尔使用的机构——但政府不一定会介入惩罚犯罪。在中世纪的英格兰，一般认为罪行只存在于罪犯与受害者之间，与社会其他成员无关，因此代表社会利益的政府不会介入。结果，血仇制度出现。即便如此，政府不介入的传统仍持续到 19 世纪。[11]

直到启蒙运动时期，犯罪才被认为是影响整个社会的行为，而不仅仅伤害受害者。犯罪成了一个公共问题，是一种危害国家的罪行，现在必须由国家官员来处理。[12]政府为了保护民众与公共利益，会把罪犯关进监狱，这么做可以达到多重效果，例如惩罚（因为他们罪有应得）、威慑（这样他们就不会再犯）、隔离（这样他们就无法再犯），或感化与矫治（改变行为与态度)。[13]

政府的一切活动都需要经费，在19世纪，政府开始把犯人外派出去，让他们到美国各地做工，工作环境有时极为恶劣；废奴之后，奴工消失，犯人正好可以充当替代品。将犯人作为工人外派在当时极为普遍。1825年，发生财政危机的肯塔基州决定将犯人以一年1000美元出租给商人，为期五年。纽约州新新惩教所让犯人到大理石采石场工作。其他监狱也让犯人制作鞋子、衣服、地毯或家具，以分摊政府为犯罪支付的公共成本。[14]将犯人外包的目的有二：首先，监狱从政府的赔钱货变成政府的金母鸡；其次，根据新教工作伦理，工作本身可以用来矫治犯人的性格。

然而，不是所有人都满意这项安排。工会与制造商抱怨监狱劳动抢了自由人与企业主的饭碗。此外，监狱状况变得十分恶劣，剥削犯人也极为普遍，促使公共机关不得不着手介入监狱管理。[15]将犯人出租充当工人于1923年终止，将犯人外包给私人企业，这一行为绝大多数在1940年消失。监狱再度成为政府的赔钱货。[16]

＊

20世纪70年代，监狱成本持续增加；美国监狱人口增加了一倍。于是，犯人外包再度启动。然后，到了20世纪八九十年代，严刑峻法、政治上的严苛，加上"对犯罪宣战"，使监狱人口再度增加一倍。1992年初，美国监禁率居世界首位。联邦与各州的监狱运作成本从1980年的31亿美元，暴增为1994年的170亿美元以上——若根据通货膨胀调整后的美元汇率，则足足增加了近550%。[17]

政府与民众对于监狱的财政负担感到厌恶。在经济故事里，一个解决高昂成本的办法是引进竞争与经营外包，此方法可以部分采用，也可以全部采用。随着成本增加，成本较低的私人企业提供的监狱管理服务也变得更具吸引力。无论如何，企业早已介入司法体系，例如戒毒中心、电子监控、中途康复站、少年感化院、成人监狱工作项目，以及食物供应与洗衣服务。将成人监狱全部外包反映出私营部门介入的下一个阶段。[18]

支持者表示，将监狱管理外包可以削减20%的成本，而且企业在监狱管理上做的绝不会比政府差。政府管理的监狱通常有过度拥挤、费用高昂与生活环境不佳的问题。民营监狱会更便宜、更有效率，会更快做出回应，而且能提供较高的安全防护服务、较佳的饮食与较好的医疗。[19]批评者质疑是否该允许企业操持犯人的生命与自由，并且任由他们从犯人的痛苦中获利。批评者也担心，随着监狱产业增长，越来越多的人会为了赚钱而想办法让监狱人满为患，方法可能是让刑期延长或加重刑责。

20世纪80年代，成人监狱的管理开始从政府转移到企业手中。管理监狱的企业一般来说，依照囚犯人数按日从政府支领金钱。企业每日在每个犯人身上花的成本越少，获利就越大，而利润绝非不重要的小事。2001年，民营矫治机关的总收入估计有10亿美元，全世界有184座民营监狱，其中158座位于美国，绝大多数分布于得州与加州。[20]

民营监狱是否兑现了它们的承诺？美国司法援助局制作的一份报告认为：没有。民营监狱被证明没有比公共部门经营的监狱来得有效率或安全。承诺削减两成成本，结果平均只削减了1%——而这实现的

1％主要是因为较低的劳动力成本，因为私人监狱倾向于雇用非工会员工，而且人数较少，然后通过支付较低的工资和提供较少的福利来节省资金。[21]不过，根据这个经济故事，将监狱管理权移交给企业是值得一做的。这个故事说，公共图书馆同样可以交给企业来经营。

*

对许多人来说，公共图书馆具有象征意义。盖瑞·伯森（Gary Paulsen）写下超过175部作品，其中许多是专为年轻人写的，他认为公共图书馆挽救了他的人生。伯森住在明尼苏达州北部，他在青少年时期过着不幸福的家庭生活，某天晚上，他躲进小镇图书馆取暖。馆员帮他办了借书证，并且不断塞书给他阅读。伯森说："公共图书馆救了我，真的。我现在读书依然跟当时一样，就像我跟孩子们说的，我读起书来狼吞虎咽。我每天晚上读书直到入睡。我想，如果没有那位图书馆员与图书馆，我这辈子绝对不可能碰上任何好事。"[22]传奇的科幻小说家艾萨克·阿西莫夫[*]说道:"我在学校接受了基础教育,但那还不够。我真正的教育、上层建筑、细节、真正的基底,是我从公共图书馆得到的。对一个家里穷得没办法买书的孩子来说,图书馆是一道通往奇迹与伟业的门,我很庆幸自己懂得撞开那道门,然后满载而归。"[23]

公共图书馆以实体具体展现了所谓的图书馆信仰:相信书籍能改变人生。图书馆信仰代表一种基础信仰,相信"书本文字的好处,相信阅读这些文字本身就是好事,相信我们文明的基本价值奠基在这些文字上。谈论文化时",政治学学者奥利弗·加索(Oliver Garceau)表示,"书本的知识、阅读的数量,与图书馆的馆藏——这一切不仅成为个人的价值标准,也成为社会的价值标准"。[24]公共图书馆也一度塑造民众的阅读品位,通过书本"改善"人群。20世纪四五十年代,图书馆员争论图书馆是否该收藏

---

[*] 艾萨克·阿西莫夫(Isaac Asimov),当代美国最著名的科普作家、科幻小说家。他一生高产,著述颇丰,一生著述近五百本,其中有一百多部科幻小说,代表作品有《银河帝国》《基地》等。曾获科幻最高荣誉雨果奖和星云终身成就大师奖。以他的名字命名的《阿西莫夫科幻杂志》,是美国当今数一数二的科幻文学重镇。

"轻"小说,因为小说被认为是一种娱乐,几乎没有教育价值,而图书馆应该是有教养的。[25]

图书馆通过保持民主社会所需的知识和价值的流通,承担起帮助人们成为睿智、有思想的公民的责任。[26]1852年,波士顿公共图书馆——美国第一座由公共税收支持的图书馆——的理事会表示:"获得一般信息的手段,应尽可能传播流通,这一点至关重要,应尽可能吸引民众阅读与了解人类历史流传至今作为社会秩序基础的问题,这些问题会持续不断地出现,而我们身为人类,需要持续不断地面对这些问题并做出决定,我们也必须做出决定,无论我们是无知还是睿智。"[27]联合国称公共图书馆为"推动教育、传播文化与信息的生命力量",是"通过影响男男女女的思想来促成和平并筑造精神福祉的重要原动力"。[28]

简言之,公共图书馆不仅能促进公共事业的发展;公共图书馆本身就是公共事业。我们用自己缴的税金投资图书馆,因为我们相信民众的识字率与教育程度越高,对整个社会越有利。图书馆是民众大学,是消弭社会差距的好工具——无论收入高低,任何人都可以在图书馆免费读书与学习。[29]

图书馆作为公共物品，存在于市场的疆界之外。[30]图书馆在自身有限的资源的范围内来保存与保护人类的记录，同时将这些记录传给下一代。[31]图书馆是思想自由理念的具象实体，亦即，你可以在这里思考自己想思考的东西，相信自己想相信的东西。由于人们坚信思想自由，所以多元的观点——甚至包括那些"非正统、不受欢迎或被大多数人视为危险"的想法——被视为符合公共利益，图书馆于是成为你可以针对某个论争找到各种彼此竞争的观点的地方。[32]就现实实践来说，思想自由指的是重要但具争议性的书可以陈列在书架上，而不会遭到禁止或焚毁。关于谁在读什么书的信息是保密的，甚至对执法部门也是如此。进入图书馆的人都能平等地使用信息，不因宗教、种族、性别、年龄或经济地位而有所差异。[33]图书馆创造了市场无法创造的信息资源，因为私营部门没有理由投资不会赚钱的知识，而非正统、不受欢迎或被认为危险的知识则通常无法获利。[34]

*

当经济故事在你的社群传布，并且传进公共图书馆时，图书馆服务会被理解成一个市场，而在市场上发生的一切也将在图书馆发生。信息从原本用来帮助培养知识公民的社会财富，转变成用来买卖获利的事物。图书馆变成信息服务业里的信息商业，并且开始关注商业会关注的事：客户服务、削减成本、效率与生产力。

图书馆员成了信息专家，只是工作的地点换成图书馆。而图书馆长也成了首席执行官。图书馆的阅览民众成了顾客，而图书馆开始通过市场调查收集顾客的需求信息。图书馆值得被人们支持，不是因为它们是公共财富，而是因为它们能回应顾客的需求。[35]

1980年，公共图书馆的重点不再是引导顾客应该读什么书，而是通过提供顾客想要的东西来回应他们。[36]当然，一些顾客想要的是禁书，顾客的需求和图书馆对知识自由的历史贡献之间产生了利益冲突。[37]

随着经济故事传布到图书馆，经济语言也跟着散播进来。一位知名的图书馆员曾说："每当（图书馆里）有1美元需要被花掉，就表示这里存在着商业交易。我们以我们的价值观为基础确立使命，我们拟定战略计划并以此配置资源，我们雇用干练的职员推广我们的产品与服务,我们根据市场需要与欲望进行监测与调整。这些全是商业活动。"[38]这个行业开始自问:"如果你把图书馆当成书店来经营,结果会如何?"东伦敦的各图书分馆纷纷改名为"概念店"。[39]

不可否认,许多图书馆因为政府削减经费而转向商业经营。2010 年,从东岸到西岸的美国图书馆——包括备受尊崇的波士顿公共图书馆——再度面临城市预算赤字的命运,他们必须努力应对,以避免分馆关闭、裁员、工作时间与服务项目的减少。过去,许多图书馆在遭遇政府削减经费时,已经采取商业策略来解决资金短缺的问题。图书馆逐渐成为赚钱的地方,企业可以在这里进行促销,贩售产品与服务。[40]

*

当图书馆逐渐走向商业化时,它也开始从投资收益的角度来思考经营问题。经济故事说,图书馆应该赚取金钱,要开发出自己的收入流,要开设书店、礼品店及咖啡店。图书馆也应该引进使用者付费制度,办理借书证也需要收取费用。在经济故事中,你是一个个体,而身为个体,如果从公共图书馆这样的地方获得好处,那么你就要为这样的好处付费。虽然借书证收费的做法在首次引进时引起争议,因为它显然违反了图书馆让民众平等获取信息的原则,但现在借书证收费通常占图书馆平均预算的10%到15%。[41]

在石油资源丰富的加拿大阿尔伯塔省,政府在20世纪80年代削减图书馆开支后,引入了图书馆使用者付费制度。即使当该省变得有偿付能力、没有债务、拥有数十亿美元的盈余、享有加拿大最富有省份的声誉时,使用者付费制度依然没有改变。在首府埃德蒙顿,在实行使用者付费制度之后,图书馆的登记人数和借阅率显著下降,后十年均未见起色。[42]阿尔伯塔省的小镇班夫决定废除使用者付费制度;同年,图书馆会员暴增40%。[43]虽然许多图书馆允许民众在无力负担的情况下提出免费申请,但有图书馆员表示:"我自己是贫穷家庭长大的孩子,我认为要求民众提出贫困证明是相当羞辱人的。当然,穷困本身就已经够羞辱的了,更甭说要对最民主的机关——公共图书馆——证明自己很穷,需要获得'特殊待遇'。"[44]

在经济故事中，可以鼓励图书馆借由出售空间的命名权给个人或企业捐赠者来筹募资金。就某种程度来说，这种现象早已在图书馆出现；图书馆建筑物以捐赠者命名。例如卡内基图书馆是以钢铁大王安德鲁·卡内基的名字命名的，卡内基在世界各地设立了约2500座图书馆。不过，现在与以往不同的是，图书馆本身也可出售。[45]命名权也被扩展至图书馆办理借还手续的柜台、个人会议室、阅览室、靠窗的阅读角落、阅读的长椅与图书收藏室。这种私人赞助虽然为图书馆带来收入，却也造成恶性循环。企业可以利用捐赠来减税，这意味着市政府收到的企业税变少。在可用公共资金减少的情况下，图书馆发现自己又陷入资金窘迫的局面，因此更仰仗私营部门的资助。

*

在经济故事中，公共图书馆曾代表的中立的公共空间，已不再中立。2010年，温哥华冬奥会前夕，温哥华公共图书馆接到要求，图书馆内只能出现赞助的企业品牌，其他品牌一律撤下。一份外泄的内部备忘录提道:"图书馆的活动不许提到百事可乐和冰雪皇后……可口可乐与麦当劳是冬奥会的赞助商。如果你要筹办儿童活动,想寻找赞助商,那么应该找麦当劳,而非另一个著名快餐品牌。"图书馆也接到指示,要合乎官方赞助商的品牌规定。举例来说,要是图书馆里只有索尼的设备,没有官方赞助商松下的设备,该怎么办?"我会拿胶带把索尼的牌子贴上,"温哥华公共图书馆的营销与沟通经理这么说,"反正只是一片胶带而已。"[46]

经济故事以全新方式诠释公共图书馆的"公共"二字。经济故事表示,公共图书馆的管理应外包给私营部门,这样会更有效率且更有效果。图书馆的书籍采购应外包给企业。批评者担心,将图书馆藏书的开发业务外包出去,就像企业决定图书馆里哪些书对你有用一样,他们质疑:那些挑战现状或批评商业本身的书是否会出现在书架上。[47]即便如此,1997年,加州的河滨市图书馆成为第一个有文献记载的图书馆系统——它将其25个图书馆分支机构的运营外包给一家名为"图书馆系统与服务"的私人公司。批评人士说,该公司通过雇更少训练有素的图书馆员,支付更低的工资,给员工更少的福利,以低于城市一般水平的成本经营图书馆。[48]然而到了2010年,图书馆系统与服务公司成为美国第五大图书馆系统,"接管了加州、俄勒冈州、田纳西州与得州几个财政羸弱的城市的图书馆"。2010年底,图书馆系统与服务公司首次和财政健全的城市(加州圣塔克拉利塔)签约;这份400万美元的合约被形容为"该公司用来证明民间管理可以为社群带来好处的一次机遇,无论该社群的财政状况如何"[49]。

总而言之,在经济故事中,公共部门与私营部门不再是泾渭分明、应分别管理的两个领域。在经济故事中,公共部门与私营部门其实是同一个部门:私营部门。

6 医疗产业鼓励民众看病
十字架变成宗教商标

经济思维以市场为基础,它使生活丧失了神圣性。一旦任何事均可议价,世上也就毫无神圣可言。因此,毫不奇怪,如果经济思维渗透到社会的每个角落,那么即使是非经济价值,譬如美、健康或洁净,也必定要经过"经济"的考量才会残存下来。

——舒马赫*

---

* E. F. 舒马赫(E. F. Schumacher),英国经济学家,曾与凯恩斯和 J. K. 加尔布雷思共事。舒马赫先后在牛津大学和哥伦比亚大学学习经济学,1933 年毕业于哥伦比亚大学,22 岁即留校教授经济学,是哥伦比亚大学历史上最年轻的学者之一。"二战"前,舒马赫移民英国,后长期在英国政府部门担任经济顾问。代表作品有《小的是美好的》。在他看来,西方世界引以为傲的经济结构,不外乎个人追求利润及进步,从而使人日益专业化,使机构成为庞然大物,带来经济的无效率、环境的污染和非人性的工作环境。他把对传统发展模式批判的眼光指向了现代技术和大型组织对人性的扭曲和异化,积极倡导一种新的生产方式和消费方式,即以人为主要资源,提高教育水平,珍惜土地,更有效地运用工业资源,发展人性化的中间技术。

身为西方人,你的精神无比贫困,你精神的匮乏远超肉体的贫穷。富人通常在精神上十分贫乏。我发现,给饥饿的人一碗饭吃,给无地容身的人一张床睡,是相当容易的事。但要安慰一个精神自由受剥夺的人,消除他的苦痛、愤怒与孤独,需要很长时间。

——特蕾莎修女

生命医学伦理学家丹尼尔·卡拉汉（Daniel Callahan）表示，数百年来，处于医学核心的人类价值就是健康，也就是"心灵与身体的整体福祉"——治疗病人，同情受苦的人。医生应该以病人的最大利益为出发点。柏拉图写道："医生该关心的是病人的利益，而不是自己的利益……严格来说，医生的职责不是为自己赚钱，而是在病人的身体上行使他的权力……他所说的和所做的一切都是为了让他的实践对象觉得什么是好的和适当的。"[1]

即便如此，医生也并不总是受到尊重。在罗马时代，医生的地位绝对低下：他们是奴隶、自由民或异邦人。到了1745年，外科医生仍被视为和手工艺人与理发师同属一个行会，因为他们都是靠手艺活谋生的。当时的医学期刊提道，当一名有前景的年轻男子决定成为一名医生时，"他的大多数有教养的朋友都觉得他是在自暴自弃"。[2]

在 19 世纪的英格兰，医生们徘徊在绅士阶层的边缘，试图表现得像上层阶级，因为职业上的成功意味着拥有合适的贵族赞助人，展示合适的社交风度。美国没有贵族，因此医学院与医学学会通常由医生设立，以提高医生的职业地位。与此同时，美国人也通过法律控制开办医疗机构的标准。

因此，到了 19 世纪，医生成为一份很难谋生的职业。美国人对医疗权威持谨慎态度。医生没有足够的医疗知识与技术，绝大多数家庭孤立地散布在农村地区，他们收入不高，就算遇到病情危急的时候，也没有钱找医生来看诊。医生除了医疗费，也会收取出诊费，5 到 10 英里的路程意味着出诊费可能达到医疗费的四五倍。因为医生在结束长时间的看诊之后，还要赶一大段路来看病人。今日，我们依然对那个年代无私奉献的医生形象印象深刻。[3]

*

工业革命期间，原本在家里从事的工作全集中到工厂里，家庭成员因此更难在家里照顾病人。随着汽船与铁路的到来,城市开始发展。更高的流动性意味着家庭成员比过去更为分散,因此他们更没有时间照顾病人。另外,房价开始上涨,许多家庭只住得起小公寓,在家照顾病人的空间更小了。越来越多的人独自生活在城市里,这意味着对医院和医生的需求都在增加。曾有一段时期,几乎没有人愿意到医院看病,因为在医院很容易感染其他病症;当时,医院与其说是医疗单位,不如说是慈善机构,绝大多数由宗教团体经营,由修女、医生与护士自愿留下来照顾病人。你到医院去大概只有两个理由:一个是你快死了;另一个是没有家人或朋友照顾你。如果你病了,待在家里会是比较安全的选择。[4]

与此同时,医生的流动性也提高了。电话的发明使病人可以打电话给医生,而不用派人去请医生过来;汽车的发明则让医生能更快速地来到病人身旁。医生是最早购买汽车的人。随着医生移动的范围变大、速度变快,他们治疗的病人数量也变多了。从19世纪中叶平均一日5—7名病人,到20世纪40年代初平均一日18—22名病人。随着旅行成本下降,医疗变得更实惠。病人也比较容易找到医生,因此对医生也越发依赖。[5]

此外，在1900年，医疗实务相当简单。新观念要经过很长一段时间才会被采纳。绝大多数外科医生在进行手术时依然徒手操作，此时还不存在由药剂师配药的制度。所谓的医学教育指的是你在150多所医学院里任选一家，然后接受两年教育，绝大多数是听讲课程，而这些学校清一色是营利性质的，门槛很低。

此时，医学知识开始增长。从19世纪到20世纪40年代初，人们发现了X光、心电图与四种主要血型，并开始使用胰岛素、磺胺类药物、青霉素与麻醉剂。医生成为治愈疾病的象征。医疗需求的增加，意味着医生可以放弃低薪的服务，转而专注于提供高薪、更复杂的服务，例如疾病诊断室、放射诊断学与外科手术室里的精细操作。现在，这些复杂的服务通常都由医院提供，医生的专门知识已不再像过去一样，光靠一个出诊包就能囊括，而且医疗服务变得越来越昂贵，已无法在医生个人的诊间进行。[6]

都市化将病人的照护工作从家庭与邻居转移到医生与医院，医疗也因此成为商品，成为某种可买卖之物。然而与此同时,医学却未被当成可买卖之物。相反,医学受到监管,因为医学处理的是相当严肃的问题,例如如何去除人类的病痛。糟糕的医疗可能造成悲惨的结果,例如残障或死亡,而大多数需要医疗帮助的人却没有能力评估他们接受的医疗的质量。

医疗行业在文化上仍存在着某种理想,在这种理想干预下,医疗买卖得到一定程度的抑制。[7] 1934年,美国医学会的伦理守则提道,不具医生资质(投资人除外)而从医疗工作中获利,"不仅有损医疗行业的尊严,也在整个医疗行业构成不公平竞争,同时也对医学的专业性与民众的福祉造成伤害,与健全的公共政策相抵触"。[8]

第二次世界大战前,医疗是一种家庭手工业,绝大部分需仰赖富有的病人与慈善家的资助。医疗科技仍不足以支持医疗产业的出现,而政府对于医疗的介入也仅止于核发执照与收税。1946年,绝大多数美国人没有保险,他们看病时必须自掏腰包,有时还以实物支付。但在1946年,医疗已经被视为专业,而非商业交易。病人的医疗需求被摆在医生的财务收益之前。

第二次世界大战之后,原本用来研发原子弹的资金,转而投入医学研究,在 20 世纪五六十年代,在外科、放射科、化疗、器官移植与镇静剂方面获得重大进展。医学知识发展到极为庞大的程度,医生即使经过训练也无法独自掌握全貌,因此分科成为必然的趋势。1923 年,美国医生只有 11% 是专科医生;1989 年,专科医生已超过 70%。专科医生的薪水超过全科医生,而且声望较高。但专门化也意味着医生对病人的整体观点变得支离破碎,个人化的医疗开始衰微。[9]

*

随着新医疗技术的兴起,以及专业化、保险覆盖和不受监管的医疗费用,医药开始吸引外部投资者。20 世纪 60 年代末 70 年代初,华尔街开始投资营利性的医疗机构,例如投资人拥有的医院、养老院、家庭护理、实验室与成像服务。[10] 医疗广告禁令解除之后,医生与医院开始宣传医疗服务。医生与医院之间的开放和公然竞争原本被视为违反伦理与专业的行为,但现在广告宣传使得竞争公开化,让医生与医院的合作关系变得越来越紧张。[11]

随着投资人开始对医疗产生兴趣,医疗成本也水涨船高,原因在于通货膨胀、日益增加的研究费用、不断上涨的医师费用、更高的医院成本、更多的员工健康福利,以及人口老龄化(医学进步延长了我们的寿命,但现在我们必须面对慢性病的问题,这是我们之前没有经历过的)。20世纪之前,很少出现医疗诉讼;20世纪之后,大量法律诉讼导致了"防卫式医疗":医生在医疗时会尽全力避免自己因为过失而被告上法院。[12]

医学科技的进步也被证明是很昂贵的。虽然新科技经常会降低成本,因为机器取代人力,但在医学则非如此。医学进步牵涉复杂的设备与程序,需要训练更多的专家,因此成本非但没有减少,反而增加。[13]

市场可以充当解决这些问题的良方。经济故事说,医疗市场可以让政府摆脱无力负担的医疗经费包袱。医学开始引进大企业的管理模式,同时也开始应用工业化技术。营利的医疗服务出现在家庭护理、肾透析中心、护理中心与医院。跨国医疗公司蒸蒸日上,它与"传统'医生开设的医院'的关系,就像农业综合企业与家庭农场之间的关系一样"。[14] 1968年,跨国医疗公司哈门那的原始股价是8美元;到了1980年,成了336美元。在这些年里,对医院体系的投资,获得的报酬几乎比其他产业平均高出近40%。[15]

*

21世纪初,医疗成为价值数十亿美元的行业。医学院现在可以提供医学与管理学双学位,商学院毕业生占据了医疗机构的顶端职位,然而追溯到1978年,当时的医生甚至连医疗财务与组织是什么都不知道。[16]非营利与营利医院的经理人薪水和私人公司一样高,他们的酬劳取决于医院的净收入,医院的首席执行官或院长"就像企业专才一样,必须向董事会负责"。[17]医疗政策则由商学院教授与经济学家提出。[18]

阿诺德·雷尔曼是《新英格兰医学杂志》前主编,曾经创造出"医疗-产业复合体"一词,他表示,美国医疗百年来最重要的社会经济变化是"为病患伤者提供专业服务逐渐转变成美国最大的产业之一"——医疗从同情与解救受苦者转变成营利事业。雷尔曼坦承:"我不是说商业考量并非医疗专业的一环……也不是说过去的医生不在意自己的收入……但是,为病人的医疗需要(以及公共卫生的需要)服务的承诺和医患关系的特殊性质使医生承担了特别沉重的义务,这被期望取代对个人利益的考虑——而且实际上也是如此。"[19]

生物医学伦理学家卡拉汉同意这项说法。他表示:"医疗与机会来临时不拒绝个人优渥生活,甚至以追求富足为目的的学科大异其趣。"[20] 荣获普利策奖的社会学家保罗·斯塔尔(Paul Starr)也表示:"专业主义与市场原则之间的矛盾是长期持续且不可避免的。医学及其他专业长久以来与商业、贸易泾渭分明,它们主张自身的专业性不受市场与纯粹商业主义的影响。为了不负民众信任,专业人士必须要求自己达到比市场最低原则更高的道德标准。"[21]

回到20世纪60年代,根据美国医学会的规范,医生应将自己的执业收入限制在"合理水平",因为"收取过高费用是不道德的……费用必须与……病患的支付能力……相称"。[22] 医疗被认为与需求有关,而不是与一个人的支付能力有关,因为医疗攸关生命的质量与生命本身。[23]

而经济故事认为医疗是产品,医院与医生是卖方,病人、政府与保险公司是买方。医生是企业家,他们必须与其他医生竞逐病人。作为商业的一环,医疗行业不断针对产品推陈出新,宣传各种状况,把问题"医疗化",激发民众对治疗的兴趣,刺激消费者需求,要病人更常去看医生。现在,医生可以受雇于保险公司,这会在病人与医生之间造成利益冲突。保险公司希望保险费用支付得越少越好,医生因此夹在中间,一方面,医生想对病人进行必要的治疗,另一方面,他也知道自己的雇主正紧盯成本。[24]

简单地说,医疗作为商业,与医疗作为专业,两者有很大不同。医疗作为专业,它的基础是医患关系:病人相信医生会基于自己的最佳利益来医治自己。[25]但到了20世纪90年代,这层信任开始松动。在美国,保险公司对医院普遍采行每个病人一次性支付的制度,因此可以通过降低成本来增加利润。医生可以做较少的检查,医院员工的薪资被削减,重症病人甚至遭到转院,这在经济上激励医院治疗病情最少的病人,并尽可能快地让他们出院,以提高医院的病床周转率。简言之,让病人离开而非住进医院,医院更有利可图。到了1997年,美国医院收入的1/3来自门诊服务。[26]

*

此外,医学研究也出现利益冲突。在经济故事传播之前,根据传统的科学规范,研究应该交由公正的第三方来进行。《美国医学会杂志》是医学研究的重要出版物,当它要求企业赞助的医学实验数据必须交由大学研究人员独立进行检验时,企业对它的研究资助便大减了21%。由于医学期刊依赖公司资金(公司购买支持其产品的文章的版面费),《美国医学会杂志》"可能会面临巨大的财务压力,不得不放弃该政策"。[27]《美国医学会杂志》的编辑发表的另一项研究发现,2008年,6家顶级医学期刊发表了大量代写的文章;其他研究也表明,医学幽灵作家隐藏在学术作者背后,他们通常受到药物或医疗设备公司赞助。[28]

这类利益冲突也蔓延到医学讲堂。2009年,哈佛大学医学院学生指出某位教授在课堂上为特定胆固醇药品背书,并且对学生提出的副作用问题嗤之以鼻,该教授后来被揪出担任10家药厂(其中有半数生产胆固醇药品)的领薪顾问。学生因此质疑药商对医学院教学的影响,并且要求院方揭露与药商的行业纽带关系。当时,一名24岁的哈佛大学医学院学生坦承:"我们真的被强行运输到了一个越来越商业化的医学领域。"[29]

2007年发表在《新英格兰医学杂志》上的一项全国医师调查发现,94%的人与制药、医疗器械或其他相关行业有"关系"。这一数字引发了人们对财务关系如何影响医生处方习惯的担忧,并引发了对医生和医疗行业的财务关系透明度的呼吁。[30]

在经济故事中,身为医疗服务的消费者,你可以随心所欲自由进出医疗市场。经济故事说,你是知识渊博的买家,当医疗产品或服务价格太高时,你的购买意愿会降低。然而,我们绝大多数人无法决定自己生不生病;而在医疗专业人员眼中,民众绝非知识渊博,因为他们没有受过医疗人员所接受的专业培训。事实上,如果你生命垂危,你一定会不计代价取得一切可得的医疗资源。到2007年,美国有六成以上的破产案件与医疗费用有关。[31]

经济故事说,在市场里,每个人都是自由独立的。身为买方,你可以自由选择卖方,而身为卖方,你可以自由选择买方,因此在权力上没有不均等的现象。[32]但在现实中,身为患者,你必须极为依赖你的医生,如果你病了,你不可能像一般的消费者一样"货比三家不吃亏"。最后,因为你开始怀疑,你的医生身为理性的经济个体,正寻求自己的利益而非你的利益,你跟医生之间的信任关系开始受到侵蚀。在这种状况下,医疗体系里有谁还肯为你悉心医治?

当我们接受医疗的经济故事并且创造出医疗市场,亦即医疗产业时,我们能获得什么?我们是否活得更健康,或者获得更好的医疗?雷尔曼不这么认为。他指出,几乎所有的可靠研究都提及,营利医疗机构的管理费用与行政成本比非营利医疗机构来得高;此外,营利医疗机构提供的医疗服务不一定比非营利的来得好——甚至可能更糟。[33]

卡拉汉指出,无论医疗费用变得多昂贵,民众健康提升到多高的程度,医疗的市场模式均无法鼓励民众使用较少的医疗资源,也无法压抑我们对健康的渴望,更无法限制医疗科技的发展与使用。经济故事永远不会鼓励我们接受自己不可避免的衰老和死亡。相反,医学的经济故事使我们远离这一切,通过先进的医疗技术使我们努力争取更长的寿命,同时为医疗行业创造数十亿美元的商机。[34]

*

经济故事不仅影响我们的身体,也影响我们的精神,例如宗教信仰。比较宗教学者威尔弗雷德·坎特威尔·史密斯*表示,信仰是人类寻求超验的一环。信仰是对自我、他人与世界的寻求,是"一种总体的回应;信仰是重新审视自己看见的事物,重新对待自己接触的一切;信仰使我们超越俗世,以超验的角度看待、感受与面对这个世界"。[35]坚持宗教信仰是一种信仰表达。美国是世界上最虔诚的国家之一,大约有

---

* 威尔弗雷德·坎特威尔·史密斯(Wilfred Cantwell Smith),生于加拿大多伦多,著名宗教学者,主要研究领域为比较宗教学、宗教历史与基督教神学。1964年至1973年间,担任哈佛大学神学院世界宗教研究中心主任。

八成美国人坚定信仰宗教,并且以基督徒自称。[36]

回顾历史,基督教是西方世界的主流宗教。作为宗教,基督教包含了特定的信仰与观念。基督教也是个涵盖各种群体的总称,群体之间不免产生龃龉,好一点的会批评对方走错路,最糟糕的则是攻击对方是异端。基督教成为罗马的官方宗教后约过了600年,基督教会一分为二,西方世界信奉罗马天主教,东方则信奉东正教。在宗教改革期间,罗马天主教又分裂为罗马天主教与新教。宗教学者黛安娜·巴特勒·巴斯表示,经过这几个世纪,基督教信仰与价值随时代变化,在特定历史时期有不同的发展。[37]

巴斯表示,公元100—500年的早期基督徒把基督教当成一种生活方式,而非突然间的皈依或一种教义信仰。早期基督徒通常是和平主义者,认为战争导致杀戮,杀戮是杀人,而杀人是错的;且认为士兵必须参加崇拜国家、众神与罗马皇帝的仪式,而这些在基督教眼中是偶像崇拜。基督徒不许贪求金钱、吝啬、攀附富人、积聚土地房产。殉道者游斯丁是早期的护教者,他说:"我们过去珍视财产甚于一切,但现在我们捐出所有作为共同之财。"[38]

公元313年，基督教成为罗马帝国国教，教会日渐富有，《圣经》训示说："可去变卖你所有的，分给穷人。"但这句话成了比喻，不再是字面上的意思——你应该放弃的不是金钱，而是你看重的甚于上帝的东西。从500—1450年，教会与国家共同促成基督教世界的兴起。大量金钱投入教会艺术与教堂建筑，以作为上帝在俗世的见证；《圣经》故事以形象的方式表现在彩绘玻璃上，让不识字的信众能够"阅读"。伊斯兰教兴起，和平主义被十字军东征所取代，基督徒与穆斯林为了获取皈依者和领土而战。[39]

宗教改革（1450—1650）期间，基督教艺术逐渐被文字取代。基督教从一种生活方式，转变成根据教义审慎地进行的言语忏悔。信徒从阅读《圣经》中获得转变的力量。宗教改革时代的基督徒为了获得救赎，努力过着虔诚的生活。他们相信，你可以通过使社会变得正确，来实现与上帝同在，于是，社会正义成为宗教实践的基石。德国的马丁·路德把信仰称为礼物，他说上帝是爱，而不是审判。法国的约翰·加尔文说，新教徒应该努力工作，过俭朴的生活，辛勤工作是上帝的意旨，如果因此富有，则是蒙福的明证。[40]

在现代基督教的发展过程中(1650—1945),信仰逐渐与教义脱钩,转而与道德结合。信仰也与学问产生紧密联系。人们开始重视确定性,相信真理可以追寻而且能被发现。人可以直接接近上帝,不需要通过教会等级制度、神学或书面文字。宗教理应让人幸福,上帝的意旨可以通过推论得知,并且以自然设计的知识取代神秘。进步成了希望的代名词,人们相信自己的精神不需要转变,只要维持自然本性即可。[41]

根据巴斯的说法,当代基督教(1945年至今)越来越接受其他宗教的传统和习俗,淡化经济地位、阶级、健康、教育和国籍的划分,专注于实践普遍的好客和公正。[42]当代基督徒希望关怀受苦的人,扶弱济贫。他们认为自己有责任照顾他人,因为所有人类都是上帝的子女,人类是上帝以自己的形象创造的兄弟姐妹,基督徒认为每个人都应该看护自己的同胞兄弟。基督徒相信人需要上帝与上帝的恩赐,我们同属一个共同体,人应该彼此信任,大家的命运紧紧相系。[43]在当代基督徒眼中,基督教具有形塑性,可以依照基督的形象让你成为新人。信仰代表天启的真理,人的灵魂必须获得救赎,才能从原罪状态中解脱。

然后,故事又变了。

*

经济故事说,宗教也可以从经济价值与此假定来理解。尤其是宗教市场理论认为,宗教世界是宗教经济,而宗教经济的运作就像商业经济一样。宗教市场就像真实的市场,依据供需法则运作。你对宗教的兴趣,跟你的邻人对宗教的兴趣相比,代表不同的宗教需求。不同教会的不同活动则代表不同的宗教供给。对宗教与灵性追求有兴趣的人,构成当下与潜在的消费者市场。不同教会代表着一系列希望服务于这些市场的公司,而不同宗教则代表了不同的生产线。[44]

在经济故事中,你作为买方,你到教会里试图满足自己的宗教偏好,至于你的宗教偏好是什么无关宏旨,因为偏好的内容本来就无足轻重。没有任何一种宗教特别"道德"或特别"良善"。"道德"或"良善"只是一种消费者偏好。世上不存在任何神圣权威可以让你的偏好比别人来得正确或错误;你是唯一能决定自身偏好的权威，你追求灵性，等同于追求某种宗教产品——某种宗教——借此满足你的消费者需求。[45]

教会是有效率而急切的宗教公司，它创造与提供宗教给像你这样的人。有些人或多或少要比他人对宗教更有兴趣，因此教会必须使尽各种手段营销产品，与其他教会争抢你的支持。单一的宗教生产线——任何一个宗教——不可能满足所有人的喜好，因为有些人偏好他们的宗教更严格、更排外，有些人则偏好他们的宗教更宽松、更包容。不同的细分市场（儿童、青少年、年轻家庭、空巢族、老人与茧居族）偏好宗教的不同的面向，教会在争夺市场占有率时，必须因人制宜，推出不同的宗教产品。[46]

在经济故事中，美国最成功的教会是那些以商业作为学习对象的教会，它们的管理团队清一色由管理硕士组成，它们制订策略计划，了解目标市场，拥有咨询服务与数千名消费者。[47]牧师是首席执行官，劝告信徒："投资人生以获取最高报酬"，以"企业家的信仰"安排人生，将商业企业家原则应用在灵性追求上："当你是个灵性企业家时，表示你正遵从上帝的意旨……根据《圣经》的说法,成为企业家可以为每个人带来福祉。"耶稣是"终极的企业家","为企业家设立基准……耶稣审视自己的生命,思忖如何增加价值"。[48]

经济故事说,基督教是一个品牌,十字架这个容易辨识的符号是基督教的商标。教会必须专注于效率、效果与组织发展。比利·格雷厄姆福音派协会的前任执行副总裁暨商业经理表示:"我们的工作是把世界最棒的产品——以最高的效率——分配给最多的人,越快越好。"[49]教会要回应消费者的需求才能成长壮大,而消费者需求必须通过人口与目标市场研究才能揭示出来,研究的重点是社区里那些没上过教堂的人对当地教会的需求。

如果你是定期上教堂的人,那么你也属于目标市场。你的教会是一个社交网络,你的牧师是网络的枢纽,他可以散布产品信息,影响你的购买行为。2005年,教会领袖"有机会赢得免费的伦敦之旅,以及1000美元的现金,条件是他们必须在传道时提到迪士尼电影《纳尼亚传奇》"[50]。在底特律,美国大通银行赠送免费背包来赞助超大型教会的返校节;而百事可乐则捐了一部15人座的小客车给教会，因为他们买了13500箱可乐。教会的公关主任说，这笔交易是"双赢"。[51] 1998年，教宗若望·保禄二世访问墨西哥市的行程获得二十几家企业的赞助，教宗的照片被印在各种包装与招牌广告上。[52]

在经济故事中，上帝并非有求必应——上帝是稀缺的。在宗教市场中，神人关系是非个人化的匿名的交易。你所相信的是一种人造的产品，必须以营销来获取民众的信仰。教会是宗教服务的提供者，它们专注于顾客服务、组织发展与数量上的成功。[53]达瑞尔·古德*写道："现在情势很清楚，当我们回顾过去100年到125年，美国大企业的价值系统与运营结构已经成为教会组织的主流模式。在20世纪，基督教已成为美国的大企业。我们关注效率与优良管理，建立大型总部，以数字与财务增长作为成功的最重要指标，我们引进统计标准来衡量成功，我们让宗教成了商品。"[54]

最后，神学家菲利普·肯尼森（Philip Kenneson）

---

* 达瑞尔·古德（Darrell Guder），神学家、传教士，普林斯顿神学院的荣誉教授。

与詹姆斯·斯特里特（James Street）提出警告，以市场导向作为教会生活的核心，"在生产者和消费者之间的管理交流方面，重新定义教会的性质和使命，这从根本上改变了基督教信仰的形态和特征"。他们也承认，基督教生活中原本重要的事物，与关于灵性的管理/营销架构格格不入，并且认定，"这些事物在营销范例中受到忽视，这一点也不令人意外"。[55]

7 接受教育只为更高的薪资

就在昨天,我阅读了附近一所学院的简章。我不敢相信他们会提供这样的课程。如何使用计算机。如何做良好投资。如何得到好工作。如何,如何。这些课程没有一样能让人的心灵成长。如果你说古代史的课程可以让人成长,他们会笑话你。古代史跟今日的生活有什么关系?

——93 岁的苏菲·蒙福,

1995 年接受斯塔德斯·特克尔*的采访

---

* 斯塔德斯·特克尔(Louis "Studs" Terkel),美国作家、历史学家、演员和播音员。他著名的广播节目,名为 Studs Terkel,1952 年至 1997 年每个工作日在芝加哥播出,时长一小时。在这个节目中,他采访了很多嘉宾,包括小马丁·路德·金、鲍勃·迪伦、田纳西·威廉斯等。特克尔因保护美国口述历史的努力而受到赞扬。1985 年,他的著作《正义战争:"二战"口述史》(*The Good War: An Oral History of World War II*)获普利策奖,该书详细描述了普通民众对美国卷入"二战"的记忆。

我们向前迈了一大步,然后说:"让我们假装自己是家企业吧。"

——约翰·隆巴迪,佛罗里达大学校长

教育曾被视为人类享有的一项服务,是民主的基石。通过教育,你可以对世界有更清楚的认识,你可以成为具有批判性思维的人,你能知道如何有意义地参与社会,以及如何促使民主领袖对民众负责。教育是公共财富,是社会投资,它能让民众的生活扭结成同一个社会。我们相信教育可以整体改善我们的生活,无论我们是否亲身受过教育。我们利用教育来重新分配机会。教育缩小了贫富的差距,因为它能让贫者有更多争取平等的机会。如果你的人生一开始处于弱势,那么通过教育,你将有机会改善你的生活。

教育通常交由公共机构负责。因为学生很难评估自己接受的教育的质量,而且我们也担心私人企业可能借机剥削学生。我们相信教育是公共财富,所以我们愿意补助教育或以税金支持教育,以实现符合公共利益的社会与经济目标。[1]学校会提倡一套价值,协助学生了解成为公民的意义。在学校里,你可以学习合作,化解自己与他人的分歧,并且学习与个性迥异的人相处。你会发现,自己也许在画画、写作、跑步或数学上比隔壁的同学来得优秀或差劲,但一般来说,每个人都有属于自己的空间。每个人都能各展所长,做出贡献。

科学是教育重要的一环,有着崇高目的:创造知识是为了增进人类福祉。科学是天职,不是事业。科学家不需要向门外汉解释自己的研究内容,因为他们的研究计划所费不多,而且就算花费昂贵,研究的经费也不是来自公共资金。在基础研究(发现新知识,为知识而探索知识)与应用研究(把知识应用到实际生活中)之间存在着一条界线,虽然这条界线不总是那么明显。

身为科学社群的成员,科学家应该与其他社群成员分享资料和成果,因为他们的研究属于思想的共有物。在期刊上发表作品是为了提升科学知识,造福人群,而不是为了主张知识产权。[2]把研究带进市场并非重点,通过研究成果谋取个人利益在一般人眼中是愚蠢的行径。无论如何,获取专利要经过复杂的程序。此外,科学家们还担心专利会削弱对基础研究的追求——例如，对医疗研究申请专利似乎有违诚信，因为会对公共健康事业造成负面影响。他们进行科学研究，知道他们的工作是有价值的和重要的，因为它造福了人类。[3]

作为一名科学家，你应该在研究中保持超然和客观。你在工作中避开了情感或财务上的纠葛，全心全意追求真实，并且挑战学科既定的说法。在科学领域里，真实居于无可置疑的地位。[4]伽利略把科学与真实联结起来，他说："自然科学的结论是真实的与必然的，而人类的判断与这两者毫无关系。"[5]伽利略的意思是，科学结果是事实——你不能因为不喜欢自己发现的结果，而"创造"不同的结果。伽利略这么说是有原因的，他主张地球不是宇宙中心，违反了罗马天主教会的教义，因而被教会判为异端，软禁在家。

数百年来，科学代表"对善与真的追求"——真理本身具有价值，因此科学本身也具有价值。科学家通常被认为具有以下特质——具有道德情操，不求奖赏与权力，愿意与研究伙伴分享成果，坚守严格的标准，"追求高尚的目的：为了人类的幸福，努力追求知识与力量"。[6]

然后,教育与科学的故事变了。

*

在经济故事中,教育被引进市场世界,成为一种商品。学生成了买家。学校成了卖家,服务提供者竞相做起生意,整个教育体系俨然发展成了教育服务业。[7]经济故事说,教育是私有财产而非公共财富。教育可以帮助个人在人生中取得领先位置。教育很重要,但不是因为教育可以帮助你成为健全而有教养的公民,使你能成功地参与社会,而是因为教育可以帮你找到更好的工作,赚更多的钱,并提高你的生活质量。

教育成了一种可以给你带来高回报的财务投资。当你长大后选择从事的领域时,你必须谨慎思考回报率的问题。以下的新闻标题相信可以帮助你做出决定:"人文学科学位会减少你的收入。"[8] 2003年,英国广播公司报道,人文学科(如历史与英语)的大学毕业生,所得比高中毕业生还要低 2%~10%。语言与教育学位无利可图;反观法律、医学、数学与工程,则是可靠的财务投资。受访的研究人员警告:"对文学有热忱,没办法帮你付租金。也许人文学科的学生知道自己未来薪水不会太高,但他们也可能不知道这一点。教育是个人应负的风险。我们必须确保每个人对教育有正确的认识。"[9]

经济故事告诉我们,教育是私有财产而非公共财富,因此受教育的人应该自行负担教育费用。资助教育的公共基金减少。学费上涨。[10]如果你攻读的专业是法律、医学或商业,这些专业可以为你的投资带来高回报,使你未来可以获得更高的薪水,那么你应该支付更高的学费来获得高回报的好处。从1995年到2002年,加拿大的大学学费,医学涨了132%,牙医涨了168%,法律涨了61%。相较之下,其他大学专业只涨了34%——而这已经扣除了通货膨胀率。[11]

如果你尚未富有,那么不断攀升的学费会让你更难获得教育。不过,在经济故事里,让学生获得高等教育的方式不在于降低学费,而在于借钱给学生支付学费。也就是说,重点在于让学生容易借到钱。助学贷款的资格放宽让更多学生可以申请,而学生可以贷款的额度也同步增加。[12]对自己需要承担这种债务感到怀疑的人发现自己的选择越来越少。奖学金与助学金——这笔钱不需要返还——发放的对象的选择逐渐以优秀为标准而非以财务需要为标准，而用来衡量优秀的标准绝大多数与社会经济地位有关。换言之，比较富裕的学生一开始就被评价为较优秀，这使他们比较容易取得不用返还的奖助学金。教育学者认为，到了21世纪，在高等教育中，经济与种族不平等的状况比20世纪60年代以降来得严重。[13]

*

经济故事表示，你选择学校时，根据的不是教学质量，而是品牌的认同度，亦即，学校与专业的声誉；较好的名声代表你的投资能有较好的收益。[14]在班上，你与同学竞争，力争上游。你的排名被与你周围同学的排名相比，而名次的高低取决于你的个人表现。[15]如果你独立、有弹性、适应力强、办事快、自律且积极进取，那么你会成为受关注的对象。表现优异与有价值的学生可以使学校达标，且能与其他学校竞争。如果你的表现不好，很可能连累学校无法达标，而你也会被贴上不受欢迎的标签。[16]

你的表现举足轻重,因为在经济故事里,你的学校通过给你提供教育,使国家在全球知识经济里获得竞争优势。学校的存在不是为了帮助你成为有见识的公民,而是为了帮助国家提升经济与竞争力,增强创新,促进经济发展,为劳动力市场培训员工。[17]

结果,你的学校必须更具企业经营理念,这么做部分是迫于无奈,因为政府资助正逐年减少。你的学校必须寻求新的收入流:开始购买与卖出不动产;在校园里开发与出售退休社区,与企业及创业投资家一起将知识产权商业化;从事商业活动,积极招收国际学生,并且对这些学生收取高于本国学生的学费。你的课程也要被评估,以了解是否符合成本效益,是否有效率及市场价值。[18]

根据经济故事的说法,学校应该削减成本,例如外包工作,以及与私人承包商合作,不再雇用大学职员从事食物供应、保洁、洗衣与书店服务的工作。学校最好不要与雇员有太紧密的关系。[19]终身教职——教授过去通常可以获得这类稳定的职位——与可获得终身教职的助理职位数量不断减少,从1975年的56%,

减少到 2003 年的 35%。[20]许多讲师，通常是博士生，现在以合同工的形式授课，几乎没有钱，几乎没有福利，也没有工作保障。[21]马克·布斯凯*〔《大学如何运作：高等教育与低工资国家》(*How the University Works: Higher Education and the Low-Wage Nation*) 一书的作者〕称，一项关于学术工作者的调查显示，"不到 1/3 的受访项目向写作指导老师支付的每个班一年的课程薪酬超过 2500 美元；将近一半 (47.6%) 会给讲师不到 2000 美元的课程酬劳……根据这样的水平，每天上满 8 个班的课的全职讲师一年净得不到 16000 美元，而且没有福利"。[22]与此同时，在学校削减成本的背后，各所大学开始使用一连串新的说法，如战略计划、任务宗旨、成本效益、卓越、绩效评估、审计、以成本为中心、竞争、遴选与问责制度。[23]

*

在经济故事中，科学也紧随教育而发生变化。第

---

* 马克·布斯凯 (Marc Bousquet)，埃默里大学电影与媒体系副教授。

二次世界大战,发明原子弹并且轰炸广岛后,科学就失去了道德制高点;此后,科学慢慢变得越来越产业化。经济故事表示,科学家应成为科学企业家——不仅要创造知识,也要为知识寻找应用的市场。[24] 研究需要外来资金资助的现象越来越普遍,科学家也越来越需要向资助者争取奖助学金,并在研究时考量资助者的利益。能争取到大学以外的经费至关重要。越来越多的研究成果发表,但也有更多的作品被评为一文不值。扎实的科学成果需要缓慢而辛苦的研究过程,但期刊不断催稿,科学家也需要累积发表量来增加自己晋升与获取终身教职的机会。[25]

经济故事告诉我们,科学研究原本是思想共有物,现在却成了知识的私有财产。先前的同事成了竞争者。科学家从原本在科学社群里自由分享资料与成果,变成通过专利、获取许可证,以及与产业界的合作关系,来保护和货币化自己的成果。他们开始保护未来可能的发现,以确保这些发现可以成功商业化。[26] 知识商业化中心出现在校园里,学者在与同事讨论工作、在会议中发表研究内容前会收到忠告,要三思而后行,以保护他们的市场机会。毕竟,研究可以产生主要收入。2000年,乙肝疫苗、抗癌药物紫杉醇、运动饮料佳得乐和维生素D等研究成果的授权收入超过17亿美元;收入通常在研究人员、研究人员所属的部门和大学之间分成。[27]

在经济故事中,科学家的研究成果与他们的财务利益越来越相关。吸引大学外部资金的大学科系,例如商学院、化学系与生物系,所受到的尊重逐渐超过了其他无法吸引资金的科系,例如人文学科。1976年,美国教授文学的新聘助理教授赚的钱比商学院新聘助理教授少,但差距不超过3000美元。二十年后,这个差距却扩大到25000美元以上。[28]人文学科的支持者过去认为,研究伦理学、美学、语言、历史、宗教与艺术之所以重要,是因为人文学科可以让我们认识与了解人类,是人类意义的一部分;但现在他们主张,人文学科的重要性在于人文学科有助于经济发展,或者说人文学科是可获利的,因为与自然科学相比,学生带来的收入多于因此产生的花费。[29]

＊

1955年,教育家约翰·莫塞尔(John Mursell)提醒大家,民主社会的学校如果无法支持与拓展民主制度,那么学校就算在它最好的状况下对社会也没有什么用处,在最糟的状况下甚至会为社会带来危险。莫塞尔认为,在最好的状况下,学校最终教育出来的人会自顾自赚钱,完全不愿承担公民的义务;在最糟的状况下,学校会教育出"民主的敌人——民众会成为煽动家的牺牲品,并且支持敌视民主生活方式的运动与领袖"。[30]

著名人类学家克利福德·格尔茨＊在80岁那年去世,他在死前不久写道:"……年老的学者就像年老的父母与退休的运动员一样,总是把现在看成失去活力的过去,一切都是失落、无信仰与衰颓。但我眼

＊ 克利福德·格尔茨(Clifford Geertz),美国人类学家,解释人类学的提出者。曾先后担任斯坦福大学行为科学高等研究中心的研究员、加利福尼亚大学人类学系副教授、芝加哥大学新兴国家比较研究会人类学副教授、普林斯顿高等科学研究所教授。格尔茨以其《文化的解释》《爪哇的宗教》《地方性知识》等著作影响了人类学界内外的众多学者,被誉为20世纪一位"具有原创力和刺激性的文化人类学家,是致力于复兴文化象征体系研究的知识运动的前沿人物"。

前的世界，确实存在着诸多病症，事物变得越来越紧张，学术的下层阶级正在形成。现在提出建议要大家这么做或许并不明智，那就是采取必要的尝试，找出新的方向，或者是冒犯当权者。终身教职越来越难取得……而且取得的过程也变得十分漫长，足以消磨掉年轻学者的精力与野心。教学负担越来越重；学生的课程准备也越来越不充分；行政人员把自己当成首席执行官，他们一心只想着效率与最后期限。学术越来越被稀释与商业化，而且被放到网络上就不再有人过问。正如我所说，我不知道我的描述有多精确，或者是否称得上精确，我说的能否反映当前的现象，抑或目前的这个现象只是暂时的，它很快就会得到纠正。异常而无法长期持续的高点，最后会迎来不可避免的跌落。这个充满偶然与可能性的结构，会产生多少惊人的变化，造成多少丰富而诡异的改变。我知道的是，几年前，我还开心地，或许应该说有些愚蠢地，告诉我的学生与一些年轻同事——他们问我怎么样才能在这个诡异的学科里出人头地——他们应该保持轻松，敢于冒险，抗拒平顺的道路，不要想着平步青云，要走自己的路。如果他们真的做到这一点，如果他们能保持自己的行事作风,时时警醒、乐观、忠于真理,那么我的经验是,他们可以免于被社会谋杀,可以随心所欲,可以拥有丰沛的人生,而且也不用为金钱发愁。但我现在不会这么说了。"[31]

8　创意从无价变成天价

当你回顾自己的一生，思考自己稍纵即逝的存在为世界带来了什么，你不由得想起自己的艺术。无论那是什么样的事物，你把自己创造的艺术奉献给这个世界，感谢自己能拥有这样的天赋，这就是人生。

——斯坦利·库尼兹*

贝多芬与米开朗基罗是企业家与资本家，因为他们为了获利而卖了自己的艺术作品。

——泰勒·柯文**

---

* 斯坦利·库尼兹（Stanley Kunitz），美国诗人，1905年出生于马萨诸塞州，以优等成绩毕业于哈佛大学。库尼兹曾获"美国桂冠诗人"称号。他的诗"既有古典的韵味，又不轻易使用讽喻，是真正的悲剧风格"。

** 泰勒·柯文（Tyler Cowen），美国经济学家、作家，美国乔治梅森大学经济学教授。他是《纽约时报》"经济学视野"专栏的主笔。

在古代世界,艺术(art)是一种技艺,就跟所有的人类技艺一样。无论煮汤、粉刷、雕刻还是制作椅子,凡是你亲手制造的东西都是艺术。你是个制造者,对已经存在的东西进行调整改造。你与上帝不同,上帝是创造者,可以无中生有。艺术是为了某个目的而生,不是为了艺术本身而存在。艺术是日常生活的一部分,用来装饰功能性的物品,如瓶罐、家具与墙壁。艺术如此植根生活,因此如果你是一名艺术家,人们会把你当成手工劳动者,因为你是靠你的双手工作。[1]

18世纪的欧洲,整体的艺术观一分为二。一方面,艺术家指从事美术创作的人,这里的美术包括诗、绘画、雕刻与建筑。另一方面,手工艺人从事制鞋、刺绣、说故事或创作流行音乐等技艺。到了18世纪末,手工艺人被当成演艺人员或者制造有用物品之人。反观美术家,他们则成为类似上帝的创造者——美术家可以具体表现出自然的力量,是创意与灵感的象征。美术家的作品不一定具有功能;光是作品本身引发的思索就价值连城。经过一段时间之后,美术(fine art)的"美"(fine)变得理所当然,于是人们不再强调美这个字,艺术(art)因此逐渐拥有自身的真理、精神与创意。[2]

到了18世纪末,赞助制度——贵族以委托艺术家创作的方式来赞助艺术家——在法国大革命期间开始崩坏。艺术家无须再遵照赞助人的指示,因此开始主张随心所欲创作。这样的自由,表示艺术家越来越依赖贩售自己的艺术品维生。法国大革命后,已不再需要艺术来装饰教堂、宫殿、纪念性建筑物或坟墓。与此同时,想筹钱逃离法国的贵族也将自己的艺术品出售,这造成艺术市场饱和。在这些因素的综合影响下,艺术家总是生活困顿的意象产生了。[3]

*

18世纪末,人们开始觉得艺术反映深刻而不可知的现实,可以揭露真实而且能疗愈灵魂。人们开始以"**浪漫**"一词来形容这种感受。艺术成为对真理的探索,成为让已经被工业革命的贪婪与物质主义玷污的理想重获纯净的方式。成为艺术家是一种精神上的感召,是需要牺牲与受苦的天职。如果你是艺术家,那么你不仅优雅而富有想象力,你也会成为众人眼中的异类——你独特、叛逆、不迎合流俗。这种浪漫主义的艺术观念直到 1945 年在社会上仍相当流行,时任大英艺术委员会(the Arts Council of Great Britain)主席的经济学家凯因斯*表示,艺术家的作品"独特而自由,毫无纪律,不受管束,不受控制。艺术家只走在精神气息吹袭他的地方。他无法依照指定的方向前进;连他自己都不知道接下来要走向何方。但艺术家能引领其他人走到鲜美的牧草地,教导我们去爱,让我们改变初衷,接纳新物,我们的感性因而扩大,我们的本能因此纯净"。[4]

---

* 约翰·梅纳德·凯因斯(John Maynard Keynes),英国经济学家。一反自 18 世纪亚当·斯密以来尊重市场机制、反对人为干预的经济学思想,凯因斯主张政府应积极扮演经济舵手的角色,通过财政与货币政策来对抗经济衰退乃至经济萧条。他创立的宏观经济学与弗洛伊德所创的精神分析法、爱因斯坦发现的相对论一起并称为 20 世纪人类知识界的三大革命。代表作品有《货币论》《就业、利息和货币通论》。

尽管艺术的精神本质与商业对立，但艺术家仍不得不对市场妥协。毕竟，身为艺术家的你能否生存，取决于作品能否卖给大众。令人困惑的是，作为一个艺术天才和预言家，你应当摆脱市场的束缚，不应该追求市场的成功——这两点都被认为是对你艺术天才的威胁。[5]有些艺术家甚至看不起其他在大众中获得成功的艺术家同行，因为公众被认为对艺术怀有敌意，艺术家们应该遭受痛苦。[6]

最后，有些艺术进入了美术馆。美术馆是"崇拜缪斯的神庙"，是我们保存和传承人类遗产的地方，这基于视觉艺术是我们共同经验的基本部分这一观点。[7]知名博物馆评论家斯蒂芬·威尔*表示，美术馆"根本而必要地反映了艺术品的重要性与生命力，显示了艺术创造的激情，同时也保存了观赏艺术的经验……美术馆坚持视觉艺术是一项重要的人类活动……简言之，唯有通过视觉艺术，我们才能产生独

---

* 斯蒂芬·威尔（Stephen Weil），美国博物馆联盟杰出贡献奖得主。1928年生于纽约市，1949年毕业于布朗大学，1956年毕业于哥伦比亚大学法学院。主要作品有《重新思考博物馆和其他沉思》《一柜子的奇珍异宝：博物馆及其前景的探究》《让博物馆变得重要》。他的影响力遍及国际博物馆界。

特的发现、快乐,以及深刻的认识,而美术馆正是让我们赞颂这些成就的地方"。[8]威尔相信美术馆可以丰富我们的人生,教导我们如何注视与如何观看。他说:"仔细观看可以让我们的生活多彩多姿,美术馆是学习观看的学校,是推崇观看的地方。"[9]威尔又说,美术馆使我们的知觉更敏锐,增强我们的视觉智能,扩展我们的视角,帮助我们对过去做出万全的判断,对未来做出更洞烛机先的选择。[10]

18世纪,民众开始到伦敦、巴黎、慕尼黑、维也纳与罗马的美术馆参观。在美国,早期美术馆虽然对民众开放,却是由私人出资的,通常由富人出资支持。普通市民出资成立博物馆,例如波士顿美术博物馆,是基于对城市的认同,这当中有部分原因是新教伦理对"正确运用财富"的强调,其促成许多慈善事业。部分也因为富人如果把财产传给子女,将会被征收高额的房地产税金,不如用自己的收藏成立博物馆来得划算。然而到了1913年,联邦政府开始征收个人所得税,原本资助博物馆的钱许多都流入国库。[11]

政府通过税法榨干了用来资助艺术的经费,因此有些民众认为政府有责任奖掖艺术。有了政府的支持,博物馆可以提供低价或免费入馆参观的机会,增加民众接触艺术的可能。政府针对艺术制定的文化政策以浪漫主义的理想为基础,认为艺术有其必要,值得投入公共资金,因为艺术对民众有开化教育的功能,能提升我们的人性。肯尼迪总统说:"艺术生活不是民族生命的休闲,也不是民族生命的消遣;相反地,艺术生活贴近民族目的的核心,是民族文明素质的试金石。"[12]

艺术世界的基本理念是:某些形式的文化与创意表现要比其他形式来得优越。哲学家与视觉艺术学者赖瑞·夏纳(Larry Shiner)表示,一般人总是认为高级艺术与低级艺术的差异,就是美术与大众艺术、复杂与简单、原创与公式化、批判与因循、挑战与逃避,以及小众与大众之间的差异——有些人还认为文学小说与侦探小说、歌剧与流行音乐的差异亦属此类。[13]

身为观赏艺术的大众,你的角色就是欣赏艺术的人。如果你不懂得欣赏艺术,显然你需要更多的鼓励与艺术教育。问题在"你",不在艺术,因为注意力永远聚焦在艺术家身上,而不是观看者。人们通常认为，民众的艺术品位应该受到塑造与培养，而这正是博物馆存在的目的。你想看什么就让你看什么，这可不是博物馆/美术馆的宗旨。威尔说:"如果每个月有100万人愿意花3美元买门票进场观看，譬如马蒂斯的展览，那么我们就不需要财务支援了。但如果我们刻意找出100万人每月愿意花3美元观看什么样的东西，那么我们就不是博物馆了，我们会成为迪士尼。"[14]

然后，故事变了。

*

20世纪70年代税法更改之后，美国企业资助艺术的金额增加了。[15]企业对艺术的赞助集中在某些项目上，因此艺术与商业的紧张关系再度浮上台面。政策分析家指出:"（企业）对艺术有兴趣的唯一理由，或至少是主要理由，就是想增加公共关系的能见度。若从这点来看，等于否定了艺术的宗旨——艺术对其所处的社会的探索、讨论或辩论。当艺术开始对社会进行批判时，不免会引起争议，从而为艺术资助者带来各种问题。"[16]

这些问题只是短期的。在经济故事里,像博物馆这样的文化机构原本与市场无关,如今却被归为市场世界的创意产业。根据香港文化政策研究中心的说法,创意产业是"一组利用和运用创意、技能与知识产权,生产和分配具有社会及文化意义的产品与服务的经济活动,是一种创造财富和创造就业机会的生产系统"。[17] 这些产业——也称为文化产业或创意经济——是成长最快速的经济部门,内容包括艺术与手工艺、时尚、电影、戏剧、表演艺术、广告、建筑、出版、音乐与广播媒体。[18] 全球创意产业的价值从2000年的8310亿美元,爆增到2005年的13000亿美元,这个部门也成为澳大利亚、中国香港地区、新加坡、新西兰、美国与英国经济的核心。[19]

在创意产业里,文化被重新诠释成经济发展的工具。文化成了一种生活风格,一种消费者的选择。艺术之所以重要,不是因为它能提升人类经验,而是因为它有益于"国际竞争力、经济现代化、都市迭代、经济多元化、国家声望与经济发展"——就像纽约的剧院可以创造就业机会,并且让观光客在餐厅、饭店与出租车里花钱一样。[20]电台司令乐队的吉他手爱德华·欧布莱恩*警告说,自从乐队在1991年签下唱片合约之后,音乐行业的气候就变了;现在,与赚钱相比,创意已成为次要之物。欧布莱恩说:"(这个行业已经)被金钱支配……我认为这会让创意从音乐行业消失。乐趣……你我都清楚现在音乐少了什么……金钱……现在的人只会经营公司,在过去,创意才是最重要的。"[21]

当艺术机构成为市场世界的一部分,而非与市场区隔,艺术机构的焦点就从保存人类遗产与文化,变成吸引与聚集消费大众。毕竟,以贩售的门票来衡量艺术成功,要比用美学成就这种暧昧不明的字眼容易得多。艺术机构的思考与行动变得跟企业一样,采取管理哲学与营销技术,并且训练员工从事管理与商业活动。这些训练通常在商学院进行,它们更强调市场的重要性。[22]

博物馆开始与其他组织——例如购物中心——争

---

* 爱德华·约翰·欧布莱恩(Edward John O'Brien),英国音乐家和另类摇滚乐队电台司令的吉他手。他擅长以效果器制造气氛声响。2010年,《滚石》杂志将欧布莱恩评为有史以来第59位最伟大的吉他手。

夺你的可支配收入。[23]如果你受过高等教育,是高收入的专业人士,那么你很有可能成为博物馆的目标观众,因为你有足够的可支配收入购买文化活动的昂贵门票,即使这么做——以富人为目标——有违对民众开放与借由艺术进行教育的传统理想。[24]

*

在经济故事中,博物馆与企业越走越近。2009年,博物馆开始接受企业租用场地展出收藏品,然后象征性地向展出者——摩根大通、德意志银行与瑞银集团——收取费用。[25]有些银行从事收藏工作已有五十年的历史,它们通过获取其他公司的收藏品来增加自身的收藏量。报告指出,美国银行的收藏品有60000件;德意志银行的收藏品约有56000件。博物馆属意"出租"并且以管理人自居的观念开始风行,因为这么做比自己收藏藏品便宜得多,特别是在经济不景气的时候。批评者认为,这种做法使公司而非博物馆成为展览的管理者,而博物馆展出企业的藏品也增加了藏品的正当性与价值,从而有利于市场销售。

随着这类伙伴关系的发展,博物馆开始接受在展览时进行公开的产品搭售。印第安纳波利斯儿童博物馆——世界最大的儿童博物馆——与宝洁合作,将宝洁速易洁作为"馆内正式的清洁用品"。博物馆发布的新闻稿写着:"馆内44500平方米的空间将全面使用宝洁速易洁产品,用来去除每一项展览品的尘埃,包括世界知名艺术家戴尔·奇胡利[*]最复杂的作品《玻璃烟火》。'奇胡利的艺术作品是本馆的镇馆之宝,为了对他的作品进行除尘与保洁,我们选用的产品就是宝洁速易洁……'印第安纳波利斯儿童博物馆首席执行官杰夫·派臣说道,'看到这项产品清洁奇胡利精细的作品时发挥的良好效果,我们更坚信应该与宝洁速易洁合作,以维持馆内清洁,使参观的孩子能安心在馆内游玩。'"[26]

印第安纳波利斯儿童博物馆也在美泰公司的协助下举办了"芭比娃娃时尚经验"特展。在博物馆新闻稿上,资深营销副总裁表示:"五十年来,芭比娃娃

---

[*] 戴尔·奇胡利(Dale Chihuly),美国玻璃雕塑师和企业家。他的作品被视为吹制玻璃业界的独树一帜的风格类型。尽管制作工艺的复杂程度非常惊人,但是奇胡利仍然将该种工艺应用在其主要的室内和室外艺术作品中。

一直是时尚的象征,具有文化意义,且给予人灵感与启发……此次能有机会举办特展,我们感到喜悦振奋……这场独一无二的交互式时尚设计展,将使芭比迷获得前所未有的感受与体验。"[27]

*

在经济故事中,原本被视为天才与先知的艺术家,在创意经济里成了一个小齿轮。[28]对个人、企业与国家来说,创意思考成了"具有价值、能够赚取利润的东西"。[29]

艺术家成了艺术企业家,艺术家成功与否,是以他的作品在市场上的表现而定。艺术家原本应该超越市场——艺术家是受内心的驱使而创作,不是为了取悦买家而创作。迎合市场的艺术家显然已经扭曲了从事艺术的本心。杰出的英国小说家菲·维尔登(Fay Weldon)遭受批评,因为她在自己的小说《宝格丽收藏》(*The Bulgari Collection*)里至少十几次提及意大利珠宝公司宝格丽,借由这种置入性营销的行为,她获得了宝格丽的佣金。[30]

然而,在经济故事里,成功的艺术家不在市场之外——他们是企业家与世界知名品牌,他们的作品可以要价数百万美元。美国艺术家杰夫·昆斯*以气球动物雕塑闻名于世,他的作品在世界各地展出,人们认为他是大众艺术代表人物安迪·沃霍尔的继承者。据说昆斯把艺术视为资本主义文化中一件不可避免的商品;他把艺术过程工业化,并且在纽约市切尔西雇用了120多名员工,负责为他生产标上他的姓名的艺术品。[31]

不只是昆斯这么做。英国人达米恩·赫斯特**被视为世界上最通晓市场的艺术家,他的成名作《生者对死者无动于衷》——一条用甲醛保存的 14 英尺长

---

* 杰夫·昆斯(Jeff Koons),美国艺术家,其作品往往由极其单调的东西堆砌而成,比如不锈钢雕骨架、镜面加工过的气球兽,常常染以明亮的色彩。昆斯的作品在世界上大卖,评论家对他的看法趋于两级。有人认为他的作品是先锋的,有着重要的艺术史价值。有人则认为那是媚俗,建立在全然利己的自我推销之上。杰夫·昆斯 1986 年创作的不锈钢雕塑艺术作品《兔子》,2019 年在纽约佳士得拍卖会上,以 9110 万美元的高价售出,刷新了当时在世艺术家作品拍卖纪录。

** 达米恩·赫斯特(Damien Hirst),新一代英国艺术家的主要代表人物之一。他主导了 20 世纪 90 年代的英国艺术发展并享有很高的国际声誉。1995 年获得英国当代艺术大奖特纳奖。赫斯特对于生物有机体的有限性十分感兴趣。他把动物的尸体浸泡在甲醛溶液里的系列作品《自然历史》有着极高的知名度。

的虎鲨,据报道以 1200 万美元的价格售出。[32] 赫斯特说:"金钱使一切变得复杂。我坚信艺术是一种比金钱更强大的货币——这就是艺术家所拥有的浪漫感觉。但是你一开始对此会有种偷偷摸摸的感觉,觉得钱更有力量。"[33]

日本艺术家村上隆[*]接受奢侈品厂商 LV 的委托,以漫画与动画概念为灵感来装饰 LV 的皮件、地毯与毛绒玩具。在东京市郊经营艺术创作公司的村上隆,当时已经创作了一系列以 LV 商标为特色的画作,而且在自己的展场里开设了一间 LV 精品店,专门贩售他在洛杉矶当代美术馆展出的作品。LV 的时尚总监马克·雅各布斯接受当代艺术研究者莎拉·桑顿[**]访

---

[*] 村上隆,目前国际上最热门也最具有争议的艺术家之一,受日本动画和日本漫画影响而关注御宅族文化及生活方式的后现代艺术风格——超扁平(Superflat)运动——的创始人。其灵感源自众多古怪的浮世绘艺术家和金田伊功于 1983 年发表的动画作品。1996 年,他在东京创办了 HIROPON 工厂,之后演化成现在的 Kaikai Kiki 有限公司。他曾于多个世界著名的展览场地举行展览。2003 年,他为 LV 设计彩色图案皮具,将个人艺术事业推至高峰。村上隆先后以"超扁平""幼稚力"等字眼,简单概括自己的作品风格。

[**] 莎拉·桑顿(Sarah Thornton),艺术史学者。她经常以艺术史学者与社会学者的双重角色写文剖析艺术世界的人生百态与社会各种亚文化中的现象。主要作品有《艺术市场探秘》与《俱乐部文化》,出版后甚受好评,译成多种文字。现为《经济学人》当代艺术方向的首席撰稿记者。

问时表示:"它不是礼品店,它比较像表演艺术……在展场中,注视着精品店里的一举一动,当艺术品装进袋子里售出时,整个过程就是件艺术品。"换言之,艺术原本与商业水火不容,在经济故事里,艺术却成了商业——而商业成了艺术。村上隆说:"我在意的是如何长期生存,同时又加入当代情感。以我的价值观来看,完全不在意是否获利是一种邪恶。我会不断尝试让自己受人欢迎。"[34]

不可讳言,迎合大众使艺术家及机构越来越难创作与展出挑战民众、让民众感到不舒服的艺术。在经济故事里,艺术绝不可能这么做。艺术机构关注的焦点逐渐从艺术家转移到消费者的需求。文化经验成了娱乐商品,它们能否展出完全取决于能否赚钱。[35]成功的创意指的是能吸引大量民众前来消费的创意。人们对艺术的关注,逐渐从创作者移转到消费者身上。如果你是购买艺术品的大众,你不喜欢眼前的艺术品,那么错的是艺术家,不是你;艺术家理应创作更吸引人的作品。在经济故事中,艺术的成功不是由美学标准——引导大众如何体验与了解艺术——来衡量,也不是由一件作品对整体艺术的贡献来评估,而是完全从作品在市场上售出的价格来定义。

人们曾经尝试在艺术与商业之间划定的界线呢?在经济故事里,这条线已被抹除。

9 单一文化狭隘化我们的生活体验

我并未标新立异,我一直遵循着似乎与自己的本意格格不入的生活方式和思维模式。结果,我发现自己置身于荒原,我的存在变得不真实,我努力照别人的指示去做,却徒劳无功。

——卡伦·阿姆斯特朗(Karen Armstrong)

现在我们已经了解经济故事如何传播,如何改变我们对各种事物的想法,包括工作、与其他人及自然世界的关系、我们的社群、身体与精神健康、教育与创意。因此,不难了解非经济的故事如何遭到主宰故事的扼杀。以经济价值与经济设定为基础的单一文化日渐壮大。时间一久,我们不再记得有别的思考模式与其他的生活方式。代表其他思维的故事慢慢衰微消失,最后完全屈从于终极的单一价值:凡事都以经济为考量。

单一文化使我们的经验与期待向经济故事靠拢,生活面临的风险也随之增加。正如生物多样性反映了许多生命形式与生态系统的健康,价值多样性也反映了我们的各种生活"方式"与社会系统的健康。一旦失去价值多样性,我们也就丧失了在经济领域以外表达自我的能力。我们失去了曾在某些生活领域使用的"语言"——家庭与人际关系的语言、自然世界的语言、艺术与精神层面的语言、卫生与健康的语言、公共利益与共同利益的语言。经济语言取代了这些语言。

但语言不是中立的。我们从前六章可以看出,以经济语言来讲述我们所有的故事,最终将改变故事本身的意义。正如语言建构了我们的思想,而我们的思想影响了我们的行为,单一文化也开始改变我们的决定与生活方式。

当教育的故事不再告诉我们社会归属、公民的职责或如何参与他人生活时,民主将随之萎缩。当共同利益的故事变成经济发展的故事时,与经济发展格格不入的共同利益将很难获得讨论。当宗教故事成为促进宗教消费及其增长以增加市场占有率的故事时,与营销心态无关的灵性追求将随之消失。当创意艺术的故事成为经济成功的故事时,给予艺术时间,使其臻于成熟,以及不顾市场专心进行创作的做法,都将被讥为天真。当工作的故事成为确保未来财富的故事时,遵循自己的热情就成了老掉牙且荒谬的做法。当你的人际关系故事变成在绩效与成就上必须超越他人以争取一席之地的故事时,人与人之间共通的人性将遭到否定,而我们也将无法在世上立足,因为我们的价值与归属完全取决于绩效。

随着单一文化的成长,我们也失去了价值多样性以外的东西。我们失去了存在于市场之外、存在于经济故事疆界之外的创意。这类创意不只表现在艺术上,也表现在科学、关系、精神与其他事物上,可以说我们生活的各层面均存在着创意。

*

想象有两个圆彼此重叠了一小部分。其中一个圆代表你的创意,另一个圆代表经济故事里的市场世界。两个圆重叠的区域代表创意在市场世界里获得的经济成功。经济故事说,两个圆重叠的部分越大越好——也就是说,能生产出人们愿意购买的东西才叫创意。事实上,这两个圆不可能重合,但在经济的单一文化中,独立于市场之外的创意通常被视为不值得追求。

在经济的单一文化中,为了好玩而尝试各种观念与事物,甘冒创意风险,无论从哪个角度来看,其危险性都在不断提高。无效率、浪费与市场失灵——也就是位于重叠区域之外的创意部分可能面临的问题——的风险高得让人难以承受。因此，经过一段时间之后，每个领域的创意都将局限在两个圆的重叠区域内，也就是两个圆的交集部分，这里可以获得最多人的认同，也会吸引最多人购买。

然而历史显示，重要的创意发明往往来自游戏感，产生创意的人并未预见到自己的成果可以在市场贩售。著名的物理学家理查德·费曼*曾有一段时间对物理学感到作呕。他记得，物理学之所以吸引他，是因为当初他抱着游戏精神，他钻研的全是自己感兴趣、能让自己沉迷的部分，他完全不管自己的研究是否在科学界具有重要意义。在发现自己已经精疲力竭之后，费曼决定重拾初衷，只研究自己有兴趣的领

---

* 理查德·费曼（Richard Feynman），20 世纪后半叶最伟大的物理学家之一。1918 年出生在纽约市，1942 年在普林斯顿大学获得博士学位。在第二次世界大战期间，他对原子弹研究做出过重要贡献。战后，费曼曾先后在康奈尔大学和加州理工学院教书。1965 年，他因量子电动力学方面的研究荣获诺贝尔物理学奖。除了作为一个科学家，费曼在不同时期还曾是故事大王、艺术家、邦戈鼓手和密码破译专家。费曼的思想天马行空，他喜自辟蹊径，且从不固执，求知欲极强。他很爱恶作剧，但往往只为点出世间许多荒谬之处。

域,只为了让自己开心而再次玩转物理。

某天,费曼在学校餐厅看见有人闲来无事,把盘子抛到空中玩。他注意到盘子往上的时候会摆动,而盘底校徽转动的速度比摆动来得快。费曼觉得好玩,于是开始思考摆动的方程式。他的同事承认这些方程式很有趣,但质疑它们的重要性。费曼轻蔑地说,不管怎么样,这些方程式都不是什么了不起的东西,他研究只是为了好玩。渐渐地,他又重新燃起对物理学的热情。他说:"抱着玩心来研究物理学比较容易,那种感觉就像打开瓶盖一样:所有东西都毫不费力地自己流出来。我差点就失去这样的感受!我做的研究并不重要,到了最后,重要性却慢慢浮现出来。我能获得诺贝尔奖,最初的源头就是我很无聊地对摆动的盘子产生兴趣。我对物理的热情回归于我。"[1]

这种无所为而为之的创意,单纯为了趣味而产生的创意,在单一文化里是充满风险的举动。如果创意观念与市场成功的联结并非一目了然(罗琳的第一本《哈利·波特》小说曾吃了十几家出版社的闭门羹),那么单一文化就会反对这样的创意。大家都遵循相同的模式,因此衍生出规避风险、因循苟且与故步自封的心态。结果,有趣、美妙而优雅的创意观念或创意表现如果缺乏市场前景,就很难获得发展或寻得支持。

从事个人喜欢的工作,不理会他人的想法,从这个过程中产生的创意,也需要独立精神的支持。约瑟夫·坎贝尔*相信,如果你追随内心的喜悦,"你将走上一条早已存在的等待着你的道路,你将过着你应该过的生活……追随内心的喜悦,不要害怕",他说,"虽然你不知道道路通往何处,但一定有一个地方,会有一扇门为你开启"。[2]

然而,独立精神却被单一文化的整合要求所阻碍。如果你接受单一文化,相信自己是他们说的那种人,相信世界是他们说的那个样子,那么你就丧失了开创自己人生的自由与能力。创造不同的故事,而非只局限于经济故事,你在面对生活挑战时就能发挥创意,能表现出真正的自我。单一文化只专注于一件

---

* 约瑟夫·约翰·坎贝尔(Joseph John Campbell),美国神话学家、作家、教授,其主要研究领域为比较神话学和比较宗教学,他的研究工作涵盖诸多人类经验的面相。坎贝尔的巨著《千面英雄》讨论了全世界神话故事的英雄旅程与其转化过程。此书出版之后,坎贝尔的理论被许多现代作家和艺术家有意识地运用。他的思想可以用他自己经常重复的一句话加以概述:"从你所好。"

事，它坚持认为，经济价值与经济设定可以解决所有问题，无论这些问题是精神的、政治的、思想的，还是关于关系的。

*

要求我们顺从单一文化的压力并非崭新之物。这些压力其实非常类似于生活在捷克斯洛伐克意识形态社会里的居民所体验的压力，剧作家瓦茨拉夫·哈维尔把这种现象一一描述出来。

哈维尔表示，在意识形态挂帅的社会里，你必须接受一件事，那就是自己必须根据社会的价值与设定来行动。如果你拒绝与社会一致，你会惹上麻烦。你会遭到孤立、疏离，你会被当成唯心主义者而遭受指责，或者被认定为不合群而受到轻视。你知道你应该做什么，而你也照着做了，但重点是"让人知道"你正在做。哈维尔说，你必须跟别人一致，才能生活下去。你必须跟别人一样，承认某些事一定得这么做，你才能过日子。如果你无法依照大家期望的方式行动，其他人会认为你的行为异常，认为你生性高傲，自以为能凌驾于法律之上,或者自以为能离群索居。意识形态挂帅的社会让你跟其他人产生幻觉,把应然当成实然,把自己听到的故事当成理所当然。他们经年累月反复宣讲这套故事,最终每个人都相信且讲述同一个故事。[3]

哈维尔说,事实上,这个故事并非理所当然;这个故事的目标与生命的目标之间存在着鸿沟。生命的发展是多元与多样的,生命是为了实现自身的自由,而系统则要求一致、统一与纪律。哈维尔说,系统"是个表象世界,却企图充当现实"。这个表象世界靠着自动驾驶运作,它渗透且塑造了整个社会。表象世界部分是稳定的,但也有部分是不稳定的,因为它建筑在表象上。生活在表象世界里,你不需要相信它,但你必须装出与它一致的样子。

有时候,整件事看起来似乎没什么坏处,你可能耸耸肩说:"跟表象世界一致有什么不好?"哈维尔说,于是,你接受了游戏规则,成为游戏里的玩家,游戏成立。然而,与表象世界一致的模式也让你规避真实的自我,你通过僵化的意识形态与世界联结起来,而这个意识形态创造了幻觉,使人误以为事物的本质是人类与宇宙秩序的自然延伸。哈维尔说，一旦接受表象世界里的生活，你就开始"活在谎言里"。这最终会造成巨大的人性认同危机：为了在系统里存活，你什么事都做得出来。[4]

*

如果你试图脱离表象世界，也就是哈维尔所说的试图活在真实里，那么"不久你就会付出代价"。你会失去工作、升职的机会、薪水与假期。你身旁的人会怀疑你，他们这么做"不是基于自己的信念，而是因为他们想借由与社会一致，来避免受到污染……"。[5]

脱离表象世界的代价是昂贵的，因为你的行为造成的影响远超过行为本身。当你打破表象世界的规则时，你显示了人可以活在真实里，无须活在谎言里。因此，任何与社会不一致的行为都必须被除掉。

有个例子可以更清楚地说明这个论点。在澳大利亚，与全世界一样，经济故事成为大学的主流，这点令许多学者感到失望。研究人员研究澳大利亚学界的工作形态后表示，学者<u>应尝试适应这些重大变化</u>。研究者也提醒,学界传统上扮演的批判角色,在"游戏规则改变"之后,已不是保护或增加资本的良方,而且反对这项改变"几乎不会对游戏进行方式造成任何影响"。他们说,"无疑,有些人不想玩这个游戏,但他们的声音将因此淹没在喧嚣中……(妥协并且)留在游戏里,这种做法更具有策略意义",而非"退出游戏,不在游戏内推行自己的主张",使自己沦为当权者攻击的目标。[6]

一名学院人士接受研究人员采访时表示:"有人对某个议题抱持跟我一样的看法……而最后他辞职了……但从他辞职这件事,我了解到丢入池子的石头可能连涟漪都掀不起来。他的辞职信最终没被送达主管桌上。而他就此消失无踪,音讯全无。这是希望维持纯净、坚守原则的人所做的选择:消失得无影无踪。"

研究人员得出的结论是,有关市场在高等教育中扮演的角色的任何讨论,"都必须以市场语言加以表达,也就是必须在语言中提到货币"。举例来说:"聪明的水手能调整船帆,利用风力前往他想去的地方……而这正是我们现在必须把握的可能性与面对的挑战：调整船帆，乘着市场的风，增进我们的工作绩效与……改善我们的生活。"[7]

别忘了，经济故事说，人是理性的，人愿意采取行动最大化自己的最佳利益。身为理性的个体，你会采取能实现自身目标而且所需资源最少的行动。坚守信念显然要比什么都不说与什么都不做成本更高（你也有可能水波无痕地沉入池子里），在经济故事里，坚守信念绝不符合最佳利益。相反，符合最佳利益的做法是愿意低头，不要过于坚持自己的想法，更不要破坏现状。

然而，在人生关键时刻坚守原则却是最符合人性的事，也是人性时时驱策我们去做的事。因此，虽然就经济价值与设定来看，计算与选择最低成本完全合乎理性与逻辑，但合乎理性并非人生的全部。奥斯卡·王尔德说："人生的致命错误并非源自人的不理性；相反，不合理的时刻很可能是人生最棒的时刻。致命的错误往往来自人的逻辑性。这两者之间有很大的区别。"[8]

换言之，无论你如何生活，人生都要付出代价。生活在经济故事之外，成本是昂贵的，但生活在经济故事与单一文化里,我们依旧要付出另一种形式的成本。当我们一度珍视的本质——如真、善、美、正义——沦为达成经济目的的工具,并且接受单一文化的生活时,我们就被剥夺了更高层次的人性需求。当更高层次的人性需求无法满足时,我们就会产生心理学家亚伯拉罕·马斯洛所谓的超越性病态:"灵魂的病态。"[9]

选择并不容易。我们该如何生活?我们要遵循单一文化,与经济故事保持一致,还是从定义我们大部分文化内容的经济故事中自我放逐?换个问法:如果人生无论如何都要付出代价,那么你为什么不做自己喜欢的事,说自己的故事,贯彻你内心深处最深刻的价值?

10　另寻解决之道

拥有洞见卓识却不去实践，根本毫无意义。

——埃里希·弗洛姆

总有那么一天，你会发现自己不由自主地想走出经济的单一文化，想摆脱经济的单一故事与表象世界。你也许在某一天醒来，决心活在许多故事之中，决心让自己生活在更广阔的人类价值光谱里，而非只局限在经济价值的狭窄一端。试图离开经济的单一文化，不表示要让这个世界固定在另一个单一文化里。哈维尔说，为了确认自己的身份，你不许任何事物阻碍你过自己的生活。你试着活得有尊严，不受他人操纵。问题是：你要的生活是什么？

要超越单一文化，不是通过特定的活动来达成。哈维尔说，一开始要离开经济的表象世界，采取的做法很可能是"不"做某些事——不做他人预期的事，不满足他人的需要。然后，你逐渐以低调的方式，去过符合自己内心深处价值的生活，而不遵循单一文化的有限价值。你开始有意识地做出自己的决定，也更有决心地敞开胸襟，去接受不同生活领域的不同价值。

当你开始遵循内心深处的价值来生活,不去理会单一的经济价值时,随着时间一天天地过去,你的行动会产生更有系统、更有条理的结果,哈维尔称这个结果为"在社会上过着独立的精神、社会与政治生活"。[1]这里的独立生活并非与生活的其他层面隔离开来,而是在摆脱经济故事与单一文化后拥有的高度的内在自由。独立的生活几乎可以用任何形式来展现。你不需要自主地放弃手上的任何事物,也不需要直接前往能超越单一文化的地方。独立的生活可以包含在你做的任何事里,你在的任何地方,以及你刚好已经踏入的任何活动领域。

*

经过一段时间之后,独立生活自然而然开始组织成某种形式,逐渐产生哈维尔所谓的"平行结构"。哈维尔说,平行结构指人类在日常生活中努力争取自由、真理与尊严的过程——它是真实生活的具体表现。平行结构让你有空间过不同的生活,从真实的人性需求中成长。你在生活中回应的是由下而上的需求,而非由上而下的指示,因此你的发展是有机的。[2]

平行结构并不是要你脱离社会或与世隔绝。相反地,平行结构会唤起你对这个世界的责任感。也就是说,平行结构会引导你的目光注视平行结构以外的事物。平行结构向每个人开放,每个人都能进入平行结构。平行结构能进一步解放思想与其他价值及行为。平行结构不会呈现出确定的事物。你参与平行结构是因为你不得不参与,而不是因为你参与其中便有机会形成群体运动。哈维尔认为,平行结构终将证明"生活在真实之中是一种符合人性与社会的选择"。[3]

平行结构不是反文化结构;平行结构之所以被称为平行,主要是因为这些结构与单一文化"并存"。即使你参与了平行结构,你仍然会以各种不同的方式,通过既有的经济结构与价值系统,来与单一文化的表象世界产生联系。与此同时,你的日常生活也不可避免地持续与经济故事互动。

尽管如此,我们有具体的办法来超越单一文化中的经济故事的价值与设定。有三种这类的平行结构:

慢食运动、克里斯托弗·亚历山大*的模式语言,以及马歇尔·卢森堡的非暴力沟通。

*

粮食是生命不可或缺之物。根据经济故事的说法,粮食代表市场。买方希望以最少的资源购买粮食以满足自身需要。卖方希望以最低的价格(这样他们才能卖得更多)尽可能将手中的粮食卖出;卖方的生产力与效率越高,就能获取越多利润。经济故事说,当粮食市场达到最佳效率时,供需就会均衡;卖方不会生产无法出售的东西,而买方不会购买自己不需要的东西。这种效率可以避免人们浪费资源,资源是稀少的,因为资源再怎么丰沛都无法满足人的欲望。当市场与市场竞争遍及全世界时,就可以达到最佳效率。

经济单一文化把这项原理运用在粮食上,认为我们在种植与生产粮食时应尽可能提升效率与生产力,

---

* 克里斯托弗·亚历山大(Christopher Alexander),建筑师,加州大学伯克利分校终身教授。

与此同时,同样的原则也适用于粮食的准备与食用上。从单一文化的角度来看,工业化农业是合理的。它有效率。通过工业化农业,我们食用的东西几乎都能大规模生产——从鸡与鸡蛋,到牛与猪、鱼与蔬菜、玉米与小麦。在大量生产下,我们发展出规模经济,使我们以低廉的价格生产大量粮食。从经济的角度来看,凡是能增加粮食生产力,降低买方的价格与不便,以及增加卖方利润的工具和方法,都是正面的,至于这些工具和方法是否包括使用杀虫剂,将动物拥挤地圈养在笼子或畜栏里,发展养殖渔业,开发基因工程或申请种子专利,则不是经济故事关注的,因为经济故事只在意对买方与卖方有利的故事。经济学家 E. F. 舒马赫表示:"你可以说一件事是不道德的或丑陋的,会摧毁一个人的灵魂或使其堕落,会危害世界和平或未来子孙的福祉;但只要你没能证明一件事是'不经济的',你就没能真正质疑它生存、成长和繁荣的权利。"[4]

与之相反,平行结构对粮食的看法完全体现在慢食运动上。20 世纪 70 年代,在意大利,有一群年轻的政治活动分子希望重新发掘食物的美好,以及重新感受生产、准备、烹调与食用的过程。慢食运动自此诞生,然后在1989年从巴黎迈向国际,当时来自意大利的250名成员团聚一堂共同进食。换言之,这场运动落实在全世界所有成员的生活之中,因此获得有机的成长。

热衷慢食运动的人认为,食物不只是维系生命的必要之物,它也是乐趣所在。食物与我们的生活密不可分,我们怎么看待食物,反映出我们怎么看待人生。慢食作为一种平行结构,它给予我们空间,使我们过不同的生活——一种比较缓慢、比较有乐趣的生活,这种生活又称为慢活。慢活不是放弃日常生活;慢活也不是懒惰或一味怀旧。相反地,温蒂·帕金斯(Wendy Parkins)与乔弗瑞·克雷格(Geoffrey Craig)两位学者表示:"慢活是这样一种过程,面对日常生活——包括生活的步调、生活上各种复杂的状况、平凡的例行公事与令人兴奋的时刻——都是认真和专注的,它首先尝试以一种有意义的、可持续的、深思熟虑的、愉快的方式活在当下。"[5]通过这种方式,慢食运动作为一种平行结构,能帮助我们活得更自由、真实。

慢食运动的发展并非一路通行无阻，平行结构也是如此。慢食运动早期的两位支持者与核心人物，一个是意大利人，另一个是美国人，这两个人在金钱上都有惨痛的经验。爱丽丝·沃特斯*是潘尼斯之家餐厅的老板，她差点失去这家餐厅；卡洛·佩特里尼**在计划初期便损失了资金——但作家乔夫·安德鲁斯认为，对这两个人来说，"金钱在他们的广泛计划里只是次要之物，不足以阻碍他们想出最新的点子"。[6]

慢食运动关心环境，因为慢食运动本身就是环境的一部分。慢食运动也重视可持续性与粮食增长——特别是对我们与世界均有益处的粮食的增长。由于粮

---

* 爱丽丝·路易斯·沃特斯（Alice Louise Waters），美国厨师、餐馆老板和作家。米其林餐厅潘尼斯之家创始人，可食用校园项目的创始人，国际慢食协会副主席。她将健康饮食理念从加利福尼亚州推广至全美，她相信饮食可以改变世界、改变人类。她被《纽约时报》称为美国"现代饮食革命之母"。1971年，她在加州伯克利开设了潘尼斯之家餐厅，这家餐厅因开创从农场到餐桌的运动而闻名。她是一名普及健康有机食品的国家公共政策的倡导者。她在有机食品和营养领域的贡献启发了米歇尔·奥巴马的白宫有机菜园项目。

** 卡洛·佩特里尼（Carlo Petrini），国际慢食运动的创始人。2004年10月，他创办了美食科学大学，这是一所致力于培养新美食家和可持续食品系统创新者的大学。他被《时代》杂志选为年度英雄之一。

食与环境密不可分,而饮食文化也是整体文化的一环,因此作为平行结构的慢食运动试图唤起我们对世界的责任。慢食运动欢迎每个人加入,不受政治、经济与文化区隔的影响,这个运动从真实人群的需求中茁壮成长。我们都需要吃东西。健康的食物使我们身体健康。

大家围坐在一起分食面包,这是人类的伟大传统,它代表的不只是口腹之欲,还有其他的价值。共食可以建立信任与友谊,在众人陪伴下,我们可以获得放松。让·瓦尼埃*创立方舟这个发育性障碍社群,他说:"用餐时间应该充满笑声,因为笑能开启人的心灵,会笑的团体是能放松的团体。大家能够放松,便能一起成长。"[7]慢食运动鼓励人们重新发现食物的乐趣与智慧,不仅为你自己,也为你爱的人;你会重新理解简约、新鲜成分、质量,以及自己的膝盖在桌子底下与他人的膝盖碰撞在一起的共同感。慢食运动鼓励大家拨出时间亲自烹调食物,并且与他人一

---

* 让·瓦尼埃(Jean Vanier),加拿大基督教哲学家和神学家。1964 年,瓦尼埃创办涵盖 37 个国家的国际社区组织——方舟,帮助发育性障碍患者及协助他们的人士。

起用餐,借由这种方式感受不同于单一文化的价值与行为。

*

关于建筑环境,经济故事倾向于认为建筑物的内部与外部都应该模块化,建筑物与土地、环境的关系并不是有机的,采取模块化组件会比较有效率,而且能有效控制成本。经济故事的价值与设定很少考虑到因经济故事而形成的物理空间会对每天使用的人造成什么影响。在经济故事中,未来的买方对于空间的重视,不下于其他需求。无论我们未来是否要卖掉自己的家,我们此时都必须要迎合市场。设计师伊尔泽·克劳福德说道:"为了创造自己的家,我们必须忽略我们真实的需要,忽略那些能令家庭温暖,令居住在里面的人感到安适的东西。有时候,用来谈论家的一整套语言听起来就像资产负债表一样。想想那些可怕的晚宴,里面的人谈的全是房地产价格阶梯与好的投资,而电视节目讨论的全是如何装饰家里,好吸引潜在买家。"[8]

与建筑环境的经济取向并存的平行结构，是建筑师克里斯托弗·亚历山大发展的模式语言。亚历山大的两部最具影响力的作品《建筑的永恒之道》（*The Timeless Way of Building*）与《建筑模式语言》（*A Pattern Language*），针对新的建筑语言与规划提出了理论与指导。新建筑语言包括详细的模式，例如如何建造城镇、邻里社区、房子、房间与花园，这些语言完全不带有模块化成分，因此会让我们感到更具生命力与自在。亚历山大在书中提道，虽然每个人对于物理空间的喜好不同，但对于空间是否具有生命力，"感受"相当一致。尽管建筑物经过数百年的风吹雨淋，呈现出千百种不同的面貌，但建筑物带给人的生命感是建筑最根本的特征。亚历山大解释说："建筑的永恒之道，在于它经历了数千年的沧桑，却依然保有某种永恒不变的特质……除非遵循这种特质，否则你绝不可能建造出伟大的建筑物、伟大的城镇与美丽的地方，也绝不可能让自己感到自在，让自己感受到生机。"[9]

与平行结构一样，亚历山大的模式语言给予我们空间（如字面所言），让我们能过着不同的生活，因为模式语言可以帮助我们创造出具有生命力的结构，供我们居住。亚历山大与他的同事花了八年时间，依据人们觉得什么样的空间让他们感到具有生命力与自在，来辨识出各种模式。这表示这些模式的发展是有机的，就跟平行结构一样。

亚历山大与他的同事发展出来的模式共计253个，这些模式相互关联。每个模式都往上联结着"更大"的、往下联结着"更小"的模式，周围则环绕着"相同大小"的模式。当你想象或发现自己身处一个房间里，这个房间让你感到愉快舒适，让你觉得放松自在，那么很有可能这个房间里有某些模式在起积极作用。举例（光线照到每个房间的两面的模式）来说，人们直觉地感受到当阳光从房间两侧照进来时，会比较舒服；人们也倾向于避免待在只有一面有阳光的房间。你越清楚意识到模式语言，就越能了解如何打造自己的空间，让自己感觉最舒适自在。

模式语言把人类需求放在建筑设计的中心。亚历山大把这种做法称为起源取向，也就是创造一个能滋养人类生命的环境的方法。虽然他称这种理论是"对建筑与规划的一种新态度"，但模式语言绝不是要将某种思想方式强加于人——而是希望人们找到自己的模式语言,并且加以改良。模式语言的理念在于,你比别人(即使那个人是建筑师)更了解自己需要什么样的物理空间,因为你最清楚自己的特定环境。举例来说,在公共空间,我们经常穿过草坪,而不是乖乖地走在人行道上,因此草坪上往往会被人走出一条小径;建筑师铺设人行道就是希望我们走在上面,小径却显示出我们日复一日如何利用空间。

模式语言告诉你环境的模式关系以什么样的抽象方式运作,借此鼓励你为自己思考,"促使你以自己的方式为自己解决问题;依照你自己的偏好,以及你所处的环境,来进行调整"。[10]从这一点来看,作为平行结构的模式语言涉及自由思想和经济以外的价值与行为。模式语言也解释了为什么你在某些地方觉得自在,在某些地方却觉得不自在,你可以为自己量身打造一个更有生命力的环境。

此外,模式语言的成功并非绝对。《哈佛设计杂志》(*Harvard Design Magazine*)的编辑威廉·桑德斯表示,虽然亚历山大的模式语言作品在设计界与建筑领域以外,如程序设计上,有很大的影响力,"但就我所知,在建筑学院里,他的这本书仿佛不存在"。[11]亚历山大自己也坦承,有二十多亿栋建筑物构成全世界的建筑环境;其中绝大多数并不是依照模式语言建造的,因此这些建筑物死气沉沉。他说:"当我在二十五年到三十年前开始从事这项工作时,我真的认为自己很快就能影响这个世界。尤其当我想出模式语言的时候,我心想,好家伙,我真的做到了,这次一定会成功,没问题的。模式语言是不证自明的,而且是真实的。它们将会传播出去。建筑界将会越来越好。一切将如我所言,说变就变。然而,它的结果未如预期。从实际来看,我几乎未取得任何成果……只有几千栋建筑物受到影响……但与此同时,我们仍有所建树,这正定义着我们所有人生活的世界,而且仍在继续,以完全相同的风格进行。"[12]

尽管如此,模式语言仍是强大的,它是植根在我们的天性与行为里的活语言。模式语言源自真实人群的真实需求,将各种模式语言结合起来建造的结构,不仅符合美学,也适合日常生活。因为我们都存在于这个世界的某种物理空间中,总会有某种模式语言是我们全体人类共有共享的。亚历山大说,我们每个人都能加入,一起塑造我们的环境,因为我们每个人身上都具有力量,能创造具有生命力且美丽的事物。

模式语言教导我们创造出令我们更有活力与更自在的环境,同时也让我们努力活得更自由、更真实。亚历山大说:"这是让一个人、一个家庭或一座城镇的内在生活得以在自由中开放繁荣的过程……"[13]他指出,根本的问题在于:在什么情况下,环境才算良好?模式语言能让人类生活变得更好吗?模式语言能让人的自我变得更完整吗?亚历山大说,模式语言本质上就是最根本的世界观:"当你建造一件东西时,你不能只孤立地建造这件东西,你还必须关注这件东西的周围与它内部的世界,如此,整个广大世界将变得更连贯与更完整;而你制作的东西则在你制作的自然之网中取得它的位置。"[14]借由这种方式,作为平行结构的模式语言唤起了人们对世界的责任感,也提供了不同于单一文化的选择。

*

关于关系与人际互动的经济故事倾向于认为,你的人际关系完全是一种交易。经济的单一文化说，这个世界由市场构成，而人是市场里的买方或卖方。你与他人保持着一定距离，而且有着非人的关系。在这些关系中，你跟他人都像理性个人一样试图最大化自身的利益。你预期自己不会承担与交易无关的义务（就算有，也微乎其微），而且试图把长期的义务降到最低标准。

马歇尔·卢森堡的非暴力沟通方法，是与人类互动的单一文化取向并存的平行结构。非暴力沟通是一种与人沟通的方法，它可以产生较佳的结果。非暴力沟通是一种说话与聆听的方式，能协助我们交换信息与和平解决差异，而非防卫自己、攻击他人，或在遭遇评判、批评时退缩。这是一套另类的行为，它所依据的价值与设定和以往的沟通方法大不相同。

非暴力沟通认为，在各种行事动机中，最令人满意的一种，就是丰富生命，亦即，你是为了丰富自己的生命而做一件事，而不是基于恐惧、罪恶感、指责或羞耻。非暴力沟通重视能促进善意的语言，扬弃憎恨或自我贬抑。非暴力沟通支持思想自由，鼓励你扛起个人责任，不仅应该为沟通负责，更要为改善你的关系负责。

你要专注于非暴力沟通过程的四个组成部分,如此才能重新思索如何表达自己与聆听他人的心声。你越能有意识地聆听与表达,便越能避免漫不经心地回应他人,从而做出深思熟虑的反应。[15]借由这种方式,作为平行结构的非暴力沟通,可以为你创造空间,使你过着不同的生活。此外,我们每个人都需要沟通,也需要化解与他人的差异。因此非暴力沟通正如平行结构那样,每个人都可参与,而且必须植根于真实人群的需求。非暴力沟通的目标是"加强我们的能力,以维持我们的人性,即使在遭受考验的状况下也绝不放弃"。[16]

非暴力沟通方法是从创立者卢森堡自身的生命经验中有机地发展出来的。20世纪40年代,卢森堡还是个犹太小孩,在底特律成长的他,"犹太人"身份使他在学校里遭受霸凌。这些经验使卢森堡心生疑问:是什么使我们丧失同情心,走向暴力?又是什么使某些人不顾环境险恶,依然保有同情心?卢森堡对于在这些经验中言语扮演的核心角色深感兴趣。研究所时期,他构思了一种表达与聆听的方法,可以帮助人们在沟通时保有同情心。1984年,卢森堡创立非暴力沟通中心,负责训练人们使用非暴力沟通方法来避免与化解冲突。

从方法的角度来看,非暴力沟通可以说非常成功。许多人确实因为非暴力沟通而改变了他们的关系,这种方法也运用在一些冲突地区,如塞拉里昂、斯里兰卡、卢旺达、布隆迪、波斯尼亚与塞尔维亚、哥伦比亚及中东。卢森堡提到他曾有机会在伯利恒难民营的清真寺里使用非暴力沟通,当时他对大约170名巴勒斯坦人演讲。他回忆说:"当时他们对美国人的态度不太友善。当我演说时,我突然注意到底下的观众有些鼓噪不安。'他们低声说你是美国人!'我的翻译提醒我,此时刚好有个先生从听众里站起身子。他直接面对我,扯开嗓子大声叫道:'杀人犯!'随即有十几个人加入他,他们异口同声地说:'刺客!''杀害孩子的坏蛋!''杀人凶手!'"卢森堡运用非暴力沟通的方法,立即公开与这个人对话了二十多分钟。他说:"我聆听他的话,我不认为他在攻击我,反而认为这是个礼物,有人愿意跟我分享他的灵魂与他受到的伤害。一旦这位先生觉得自己的心声得到理解,他也愿意聆听我的说法,听我解释我为什么来到这座难民营。一小时后,骂我是杀人犯的这位先生甚至愿意邀请我到他家共享斋戒月晚餐。"[17]

尽管非暴力沟通取得了成功,世界各地仍存在着沟通冲突,这表明改革虽然可能,但平行结构的成功无法完全抹杀其他结构。作为平行结构,非暴力沟通可以帮助人们努力活得更自由、真实,并且愿意分享彼此的价值与需求。非暴力沟通唤醒人们对世界的责任感,提醒我们沟通的方式会对他人造成影响,就像涟漪一样逐步向外扩散,也许更好,也许更坏;而这也让我们了解,我们每天都有机会与人沟通,并且创造出更好的结果。借由这种方式,非暴力沟通得以与经济单一文化的交易性、非人性与短期沟通取向并存,并且基于同情心及对人类内在本性的信念,而提出经济以外的和平选择。

*

以上三种平行结构的例子——慢食运动、亚历山大的模式语言与卢森堡的非暴力沟通——说明了平行结构在这个世界上的力量及其在场。但是,这些例子的能见度反而模糊了平行结构最重要的部分:充满生机的独立的社会生活就像冰山百分之九十沉在水下的部分,而且这种生活先于平行结构存在。隐秘、不为人知的独立生活静静地存在于我们周围,日复一日,就像成千上万的人努力以自己的方式实现属于自己的自由而真实的人生一样。

想活在更广泛的人类价值光谱里,这样一个渺小而微不足道的决定,很容易遭到忽视或被贬低成不重要、不值一哂。我们很容易相信,除非发起群众运动,否则任何事都不可能改变,除非社会被动员起来,否则这个世界会依然如故。爱因斯坦表示,虽然我们之所以成为人类,是因为我们是人类社会的一员,但我们从社会中获得的宝贵的物质、精神和道德成就——如使用火、种植可食用的作物、使用蒸汽机等改变范式的成就——是由一代又一代的富有创造力的个人带给我们的。爱因斯坦说:"唯有个人从事思索,才能为社会创造新的价值,不仅如此,个人甚至可以建立新的道德标准,来让整个社群的生活遵守……社会的健康既取决于组成它的个人的独立性,也取决于他们紧密的社会凝聚力。"[18]我们很容易相信，鲜为人知、宁静而隐秘的生活不可能造成什么改变。但是，正是那些过着宁静生活的个人调动他们的内在资源，才得以打破社会等级。正是那些过着隐秘生活的个人，坚持立场，采取行动。正是那些过着不为人知的生活的个人，才能引发转变，甘冒大不韪，坚持独立。

想过独立生活，首先必须从自己独特的生活与时间——以及自己的独特特质——中寻找与单一文化并存的意义。一旦你努力追求独立生活，那么平行结构终究会出现。但是，平行结构的出现与发展并非独立生活的目标。独立生活追求的是在更广泛的人类价值光谱中活出许多精彩纷呈的故事。

我们可以从经济单一文化的操纵中解放，并且在具有深度与广度的各种故事中过着有尊严的日子。

后　记

一旦离开自己习惯的道路,我们会以为自己迷了路;然而就在我们脚下,崭新的康庄大道才正要开启。

——托尔斯泰

出门,走进森林,走到户外。如果你不走进森林深处,你绝不会看到任何新鲜事,你的人生也无从开启。

——克莱丽莎·埃思戴丝*

---

* 克莱丽莎·埃思戴丝(Clarissa Pinkola Estés),国际知名的获奖诗人,荣格学派资深心理分析师,拉丁美洲古老故事的保存者。

故事告诉我们：我们是谁，这个世界是什么样子的。当你经常听到某个故事时，你会逐渐相信它是真的。当单一故事成为唯一的故事时，单一文化于焉出现。单一文化改变一切，它塑造我们的想法与生活方式，看起来就像是唯一合理的现实。我们的其他故事开始衰微。这些故事曾告诉我们超越单一文化的价值与设定的生活是什么样子的，"存在"于单一文化的价值与设定之外的生命是什么样子的。我们逐渐相信，经济故事就是生活故事本身，理性、效率、富有生产力与可获利，是生活在这个世界的终极表现。

你现在已经知道，经济故事如何改变你在工作上、在与其他人及自然世界的关系上、在社群里、在身体与精神健康上、在教育与创意上的想法和行为。现在既然你知道该寻找什么，那么便不难在书与报纸杂志里，在电视上，在无意间听到的交谈中，发现单一文化与经济故事的证据。曾经支撑我们生活的不同领域的多元价值与故事,逐渐被单一的价值与故事取代。这种损失使我们陷入危险之中。一旦丧失支撑你的生活的不同领域——这些多重的生活领域可以塑造你的人格与你的生活方式——的多元价值与故事,你将难以超越经济故事进行思考;更糟的是,你甚至无法察觉到单一文化限制你的思维。你必须努力挣扎才能做出反对经济故事的价值与设定的决定。反之,和经济故事的价值与设定一致,似乎是比较轻松而实际的选择。

虽然单一文化渗透到每个角落,而且力量强大,但无论单一文化如何努力,都不是生活的全部,都不可能抹灭其他故事。人性价值绝不仅仅是经济价值与设定而已。如果你无法超越经济故事,那么你也许要冒着付出重大的内部代价的风险。如果你真的超越经济故事,那么你也可能要冒着付出沉重的外部代价的风险——尽管如此,你或许能争取到过不同生活的机会,以及帮助创造与支持在具有多元价值的社会里过独立生活的机会。

你的决定很重要。因为要是少了这些已经流传数百年乃至数千年的人性价值,我们该如何是好?公共利益与共同良善还会有人关注吗？图书馆的信念与思想自由呢？我们是否会维护每个人的人性尊严，不因他们的经济处境良窳而有差别待遇？我们会抱持什么样的工作态度，与他人又会如何相处？科学是否仍是用来追求真与善的工具？学校能否担负起传道授业解惑的责任？学生能否成为文明社会的支持者？我们的身体与精神健康能否维持？艺术与我们的创意能否源源不断地产生？

你越是认为这些经济以外的故事与生活方式过于理想，越说明你受到单一文化的深刻影响。因为至少在三十年前，这些经济以外的生活领域在一般人眼中仍是客观的现实，它们被嘲弄为过于理想其实是现在的事。今日，人们把"理想主义"视为老掉牙的范式。在现在的单一文化的影响下，人们已经舍弃过去的渴望，完全以经济的渴望为依归。

我不是说经济故事在这个世界及我们的生活中没有地位——它当然占有一席之地。但是少了其他的故事，我们的见闻将因此受到限制。我们发现，这些经济故事以外的故事传达的价值，在人类的历史上具有举足轻重的地位。一旦我们失去其他故事的语言，就失去了价值多样性与创意，社会也将因此变得死气沉沉。我们只能试着把对我们来说极为重要的事物翻译成经济语言，如此才能获得讨论这些事物的资格。我们最后只能过着极具讽刺性的生活，浅尝表象，而无法品味实质。最终，我们将失去真正的人性。

与生活的整体失去联系，我们也就与自己、他人及自然世界失去联系。我们努力寻找曾经以非经济的方式表达的生命意义。我们四处寻找，然而这些意义可不是那么容易寻得的。因为依照单一文化的说法，世上只存在一套价值，这套价值划定了我们所知世界的范围。

单一文化也许拥有压倒性的力量与无法餍足的胃口，但它加诸的限制并非不可摆脱，亦非不可避免。无论单一文化如何一而再再而三地告诉我们"我们是谁"与"我们该如何生活"，我们都不是只由单一的故事构成的。从更广泛的角度说明我们从哪里来、我们是谁、要到哪儿去，可以让我们超越单一文化的疆界。稍微想象一下：如果你拓宽流经你的故事流，并且不受经济价值与设定的限制，你的生活会变成什么样子？你会如何体察自己与他人的感受？你会选择从事什么样的工作？你会选择学习什么样的事物？你会如何表达你的心灵？你会与大自然维持什么样的关系？你要如何从内心深处挖掘出你的创意？

在我们心中，同时存在着既存的故事与尚未成形的故事。无论你身在何处，置身于何种情境，你都有机会反思自己在单一文化里得到的经验。你有机会思考，单一文化如何在你每天上班时，在你与他人及自然界来往互动时，在你参与社群时，在你保持自己的身体与精神健康时，以及在你持续学习与创造时，不知不觉地塑造你的生命轨迹。在每个时刻，你都有机会决定，在你的人生中，单一文化对你的影响是日益增加，还是逐渐缩减。仔细斟酌自己的选择。对于如何在这个世界生活与移动，你的决定将会是一种催化剂，不是加强单一文化，就是不知不觉地刺激其他的生活方式的形成。

选择的权利在你手上。

你想活在哪些故事里？

你想讲述哪些故事呢？

注 释

1 什么是单一文化

1. Isaiah Berlin, *The Roots of Romanticism: The A. W. Mellon Lectures in the Fine Arts*. Edited by Henry Hardy (Princeton, NJ: Princeton University Press, 1999).

   特别说明
   本章辑封引文出自 Robert Fulford, *The Triumph of Narrative* (New York: Broadway Books, 2000)。

2 经济故事改变一切

1. 琼·辛格关于"个人的神话"的评论参见 David Feinstein and Stanley Krippner, *The Mythic Path* (New York: Putnam Books, 1997) 的前言。
2. 参见 Tibor Scitovsky, *The Joyless Economy* (New York: Oxford University Press, 1992)。
3. Alan Wolfe, *Whose Keeper? Social Science and Moral Obligation* (Berkeley: University of California Press, 1989).
4. Tibor Scitovsky, *The Joyless Economy* (New York: Oxford University Press, 1992).
5. 不理性、系统性地做出错误的决定,参见 Dan Ariely, *Predictably Irrational* (New York: HarperCollins, 2008)。
6. 参见 Stephen Marglin, *The Dismal Science: How Thinking Like An Economist Undermines Community* (Cambridge: Harvard University Press, 2008) 更多关于"行为作为你的偏好的表现"的表述。
7. Russell Keat, *Cultural Goods and the Limits of the Market* (London: MacMillan Press, 2000).
8. 企业家被如此描述,例如,J. Gregory Dees, Jed Emerson and Peter Economy, *Enterprising Nonprofits: A Toolkit for So-

cial Entrepreneurs (New York: Wiley, 2001)。

9. 更多关于"对满足的渴望",参见 Tibor Scitovsky, *The Joyless Economy* (New York: Oxford University Press, 1992)。

10. 在一个由市场构成的世界里,即使是发生在市场之外的活动也要用市场来描述。例如,非市场经济学研究的是那些因为没有直接报酬而难以定价的工作,比如在家里做饭和打扫卫生,它们以市场作为参照系来定义自身:它们是非市场的。

11. 正如 John Kenneth Galbraith 所言:"对于滥用权力的指控,有一个简单、包罗一切的答案:你与市场相悖。传统中的权力悖论再次表明,尽管所有人都认为权力实际上存在,但它在原则上并不存在。"出自他的书,*Economics in Perspective: A Critical History* (Boston: Houghton Mifflin, 1987)。

12. 市场的边界被描述,参见 Russell Keat, *Cultural Goods and the Limits of the Market* (London: MacMillan Press, 2000)。

13. 关于选择的更多描述,参见 Alan Wolfe, *Whose Keeper? Social Science and Moral Obligation* (Berkeley: University of California Press, 1989)。

特别说明

本章辑封引文出自 Georg Hegel, *Phenomenology of Spirit* (*Oxford: Clarendon Press*, 1977)。

3 越来越不稳定的工作环境

1. Peter Cappelli 描述过去的工作场所,*The New Deal at Work: Managing the Market-Driven Workforce* (Massachusetts: Harvard Business School Press, 1999)。其他描述,参见 Arne L. Kalleberg, "Nonstandard Employment Relations: Part-time, Temporary and Contract Work," *Annual Review of Sociology* 26 (2000): 341–365。

2. Charles Perrow 强调了我们中有多少人在为公司工作,参见 *Organizing America: Wealth, Power, and the Origins of Corporate Capitalism* (Princeton, NJ: Princeton University Press, 2002)。

3. Peter Cappelli, *The New Deal at Work: Managing the Market-Driven Workforce* (Massachusetts: Harvard Busi-

ness School Press, 1999).

4. Brian Becker 与 Barry Gerhart 描述了公司面临的竞争压力，参见 "The Impact of Human Resource Management on Organizational Performance: Progress and Prospects," *Academy of Management Journal* 39 (1996): 779 - 801。

5. Daniel H. Pink 描述了自由职业者的美好世界，参见 "Free Agent Nation," Fast Company 12 (December 1997)。

6. 一些研究人员正在讨论临时工作，包括 Anne E. Polivka and Thomas Nardone, "On the definition of 'contingent work'," *Monthly Labor Review* 112 (1989): 9 - 16; Arne L. Kalleberg, "Nonstandard Employment Relations: Part-time, Temporary and Contract Work," *Annual Review of Sociology* 26 (2000): 341 - 365; Catherine E. Connelly and Daniel G. Gallagher, "Emerging Trends in Contingent Work Research," *Journal of Management* 30 (2004): 959 - 983; Flora Stormer, "The Logic of Contingent Work and Overwork," *Relations Industrielles/Industrial Relations* 63 (2008): 343 - 362; Arne L. Kalleberg, "Nonstandard Employment Relations: Part-time, Temporary and Contract Work," *Annual Review of Sociology* 26 (2000): 341 - 365。

7. Anthony Winson 与 Belinda Leach 描述了临时工作对人们生活的社会影响，参见 *Contingent Work, Disrupted Lives* (Toronto: University of Toronto Press, 2002)。

8. Peter F. Drucker 说商业的存在是为了赚钱，相比于其他类型的组织，参见 *The Practice of Management* (New York: HarperBusiness, 1954)。

9. Richard De George, *Business Ethics: Fourth Edition* (New Jersey: Prentice Hall, 1995).

10. 例如，2007 年，管理学会（世界上近 18000 名管理组织学者组成的专业协会）的会议主题是"通过做好事来做得更好"。

11. Flora Stormer, "Making the Shift: Moving From 'Ethics Pays' to an Inter-Systems Model of Business," *Journal of Business Ethics* 44 (2003): 279 - 289.

12. David Drobis, "Public Relations: Priorities in the Real Economy," *Vital Speeches of the Day* 67 (October 15, 2000: 15 - 18).

13. Gareth M. Green and Frank Baker, *Work, Health and Productivity* (Oxford: Oxford University Press, 1991).

14. Paul Osterman, "Work/Family Programs and the Employment Relationship," *Administrative Science Quarterly* 40 (1995): 681-700.
15. Garry A. Gelade and Mark Ivery, "The Impact of Human Resource Management and Work Climate on Organizational Performance," Personnel Psychology 56 (2003): 383-405; Dee W. Edington, "Emerging Research: A View From One Research Center," *American Journal of Health Promotion* 15 (2001): 341-349.
16. 要了解告密对告密者的影响,请参阅 C. Fred Alford, "Whistle-blowers," *American Behavioral Scientist* 43 (1999): 264-277。
17. "我们希望,通过这份报告和我们未来的行动证明,商业与社会的基本利益是完全兼容的——在获利与原则之间不只是二选一",这句话出自 The Shell Report 1998, p. 5, 引自 Peter Kok, Ton van der Wiele, Richard McKenna, and Alan A. Brown, "A Corporate Social Responsibility Audit within a Quality Management Framework," *Journal of Business Ethics* 31 (2001: 285-297)。
18. Peter Pruzan 描述了他与高管们共事的经历,以及他们的个人和公司的价值观, "The Question of Organizational Consciousness: Can Organizations Have Values, Virtues and Visions?" *Journal of Business Ethics* 29 (2001: 271-284)。
19. 职员满意度、过度工作和职业倦怠被人们讨论,例如 Madeleine Bunting, *Willing Slaves: How the Overwork Culture is Ruling Our Lives* (Toronto: HarperCollins, 2004); Richard Brisbois, *How Canada Stacks Up: The Quality of Work — An International Perspective*, Canadian Policy Research Networks, December 19, 2003; the Bureau of Labor Statistics, *Issues in Labor Statistics: Twenty-First Century Moonlighters*, U. S. Department of Labor, September 2002。
20. "'Overwork' kills Toyota employee," *BBC News*, July 10, 2008.
21. Johann Hari, "Johann Hari: And now for some good news," *The Independent*, August 6, 2010.
22. Kelley Holland, "Working Long Hours, and Paying a Price," *The New York Times*, July 27, 2008.
23. Deborah L. Rhode, *In the Interests of Justice: Reforming*

the Legal Profession (New York: Oxford University Press, 2000); John R. Sapp, *Making Partner: A Guide for Law Firm Associates*, *Third Edition* (U. S.: American Bar Association Law Practice Management Section, 2006).

24. Deborah L. Rhode, *In the Interests of Justice: Reforming the Legal Profession* (New York: Oxford University Press, 2000).

25. John R. Sapp, *Making Partner: A Guide for Law Firm Associates*, *Third Edition* (U. S.: American Bar Association Law Practice Management Section, 2006).

26. Robert Devlin 描述了他每天需要工作 18 个小时,参见 John Bowe, Marisa Bowe, and Sabin Streeter, *Gig: Americans Talk About Their Jobs at the Turn of the Millennium* (New York: Crown, 2000)。

27. 对于工作/生活冲突的一个很好的概述,参见 Linda Duxbury and Chris Higgins, *Work-Life Balance in the New Millennium*, Canadian Policy Research Networks, October 23, 2001; Lotte Bailyn, Robert Drago, and Thomas A. Kochan, *Integrating Work and Family Life: A Holistic Approach*, Sloan Work-Family Policy Network, September 14, 2001。

特别说明

本章辑封的第一段出自 IBM 高管之口的话引自 Peter F. Drucker, *The Practice of Management* (New York: HarperBusiness, 1954)。

第二段引文出自 Andrew Grove, *High Output Management* (New York: Vintage, 1995)。

4 忙到没时间经营亲情 自然世界变成投资对象

1. Alan Wolfe 谈论属于一个团体意味着什么,参见 *Whose Keeper? Social Science and Moral Obligation* (Berkeley: University of California Press, 1989)。

2. 譬如,Trudie Knijn, "Marketization and the Struggling Logics of (Home) Care in the Netherlands," in *Care Work: Gender, Class, and the Welfare State*. Edited by Madonna Harrington Meyer (New York: Routledge, 2000), pp. 232-248。

3. Ana Maria Peredo 指出家庭关系是企业发展的障碍,参见

"Nothing thicker than blood? Commentary on 'Help one another, use one another: Toward an anthropology of family business,'" *Entrepreneurship Theory & Practice* 27 (2003): 397–400; Alan Wolfe, *Whose Keeper? Social Science and Moral Obligation* (Berkeley: University of California Press, 1989)。

4. Claudia Goldin 描述了女性如何涌入劳动力市场,*Understanding the Gender Gap: An Economic History of American Women* (New York: Oxford University Press, 1990); 还可参见 the U. S. Bureau of the Census, *Statistical Abstract of the U. S.*, Washington, D. C., 2002。

5. 社群目标和所有人的尊严是社会工作领域的传统焦点,参见 F. G. Reamer, *Ethical Standards in Social Work: A Critical Review of the NASW Code of Ethics* (Washington: NASW Press, 1983), 引自 Bob Lonne, Catherine McDonald, Tricia Fox, "Ethical Practice in the Contemporary Human Services," *Journal of Social Work* 4 (2004): 345–367。

6. Alan Wolfe 概述了市场和家庭的道德地位,参见 *Whose Keeper? Social Science and Moral Obligation* (Berkeley: University of California Press, 1989)。

7. Angelika Krebs 全面概述我们珍视自然的理由,参见 *Ethics of Nature* (Berlin: Walter de Gruyter, 1999)。

8. Zygmunt Bauman 关于真人秀的描述出现在 *Society Under Siege* (Cambridge, UK: Polity Press, 2002)。

9. Sheila Riddell 与 Alastair Wilson 探讨了有学习障碍的人是如何"被认为只有边际经济价值"的,参见 "Captured Customers: People with Learning Difficulties in the Social Market," *British Educational Research Journal* 25 (1999): 445–461。

10. Claudia Goldin, *Understanding the Gender Gap: An Economic History of American Women* (New York: Oxford University Press, 1990); U. S. Bureau of the Census, *Statistical Abstract of the U. S.*, Washington, D. C., 2002.

11. Arlie Russell Hochschild, *The Time Bind: When Work Becomes Home and Home Becomes Work* (New York: Metropolitan Books, 1997).

12. Suzanne M. Bianchi, John P. Robinson, Melissa A. Milkie, *Changing Rhythms in American Family Life* (New York:

Russell Sage Foundation, 2007); Alan Wolfe, *Whose Keeper? Social Science and Moral Obligation* (Berkeley: University of California Press, 1989).

13. Pamela Paul 讨论了人们少生孩子的原因,参见"Childless by Choice," *American Demographics* 23 (2001): 44 – 50; Arlie Russell Hochschild 描述了"时间饥荒",参见 *The Time Bind: When Work Becomes Home and Home Becomes Work* (New York: Metropolitan Books, 1997)。

14. Sylvia Ann Hewlett 关于职业生活如何影响家庭的讨论,参见"Executive Women and the Myth of Having It All," *Harvard Business Review* 80 (2002)。

15. 非市场经济学家 Nancy Folbre 指出了家庭和经济脆弱性之间的联系,参见 *The Invisible Heart: Economics and Family Values* (New York: New Press, 2001)。

16. Charles Taylor, *The Malaise of Modernity* (Toronto: Anansi Press, 1991).

17. Stephen Marglin, *The Dismal Science: How Thinking Like An Economist Undermines Community* (Cambridge: Harvard University Press, 2008).

18. Trudie Knijn, "Marketization and the Struggling Logics of (Home) Care in the Netherlands." In *Care Work: Gender, Class, and the Welfare State*. Edited by Madonna Harrington Meyer (New York: Routledge, 2000), pp. 232 – 248.

19. Mary Pipher, "In Praise of Hometowns." In *Sustainable Planet: Solutions for the Twenty-First Century*. Edited by Juliet B. Schor and Betsy Taylor (Boston: Beacon Press, 2002).

20. 世界可持续发展工商理事会讨论了流动性和经济发展之间的联系,参见 *Mobility for Development: Facts and Trends*, September 2007。例如,2007 年,北美人平均每天移动 40 英里(主要是开车和坐飞机);相比之下,巴西人每天移动 7 英里(开车和坐公交车),坦桑尼亚人每天移动 3 英里(步行、坐公交车和骑自行车)。

21. F. M. Deutsch, *Halving It All: How Equally Shared Parenting Works* (Cambridge, MA: Harvard University Press),引自 Lotte Bailyn, Robert Drago, and Thomas A. Kochan, *Integrating Work and Family Life: A Holistic Approach, A Report of the Sloan Work-Family Policy Network* (2002); Nancy Folbre, *The Invisible Heart: Economics and*

Family Values (New York: New Press, 2001)。

22. Tom Peters 介绍"名为你的品牌",参见 *Fast Company* 10 (1997)。

23. Fritz Pappenheim 讨论了 Ferdinand Tonies 的"社会"与"共同体",参见 "Alienation in American Society," *Monthly Review* June (2000)。

24. 社会企业家精神由 Johanna Mair 与 Ignasi Marti 提出,参见 "Social Entrepreneurship Research: A Source of Explanation, Prediction, and Delight," *Journal of World Business* 41 (2006): 36 – 44; Thomas Reis 与 Stephanie Clohesy 也有过讨论, *Unleashing New Resources and Entrepreneurship for the Common Good* (Battle Creek, Michigan: Kellogg Foundation, 1999)。

25. Gregory Dees 警告非营利组织,以商业为导向是有风险的,参见 "Enterprising Nonprofits," *Harvard Business Review*, January (1998): 54 – 67; John Catford, "Social Entrepreneurs are Vital for Health Promotion — but They Need Supportive Environments Too," *Health Promotion International* 13 (1998): 95 – 97。

26. 关于"美国成千上万的组织尝试以市场为基础解决社会问题",Thomas Reis 和 Stephanie Clohesy 有过探讨,参见 *Unleashing New Resources and Entrepreneurship for the Common Good* (Battle Creek, Michigan: Kellogg Foundation, 1999)。

27. Kurt Aschermann, "The Ten Commandments of Cause-Related Marketing," 引自 *Marketing Forum*, www.causemarketingforum.com,无日期。

28. Ben Gose, "A Revolution was Ventured, But What Did It Gain?" *Chronicle of Philanthropy* 15 (2003): 6 – 9。

29. 同上。

30. Angela M. Eikenberry 与 Jodie Drapal Kluver 解释非营利部门过去是做什么的,参见 "The Marketization of the Nonprofit Sector: Civil Society at Risk?", *Public Administration Review* 64 (2004): 132 – 140。

31. 一场关于"经济增长先于社会与精神财富"的讨论,参见 Thomas Reis 与 Stephanie Clohesy 的 *Unleashing New Resources and Entrepreneurship for the Common Good* (Battle Creek, Michigan: Kellogg Foundation, 1999)。

32. 想了解更多关于环境和经济的信息,参见 Mark Sagoff,

The Economy of the Earth (New York: Cambridge University Press, 2008); Gretchen C. Daily, *Nature's Services: Societal Dependence on Natural Ecosystems* (Washington, DC: Island Press, 1997); Harold A. Mooney and Paul R. Ehrlich, "Ecosystem Services: A Fragmentary History," in *Nature's Services: Societal Dependence on Natural Ecosystems*. Edited by Gretchen C. Daily (Washington, DC: Island Press; 1997), pp. 11–19。
33. 关于"地球生态系统为我们提供了什么样的商品和服务"的详细描述,来自国家地理网站, *Our Relationship With Nature, A Fragile System Sustains Us: Nature Reveals Its True Value*, http://www. nationalgeographic. com/earthpulse/eco-system-and conservation. html, 无日期。
34. 《国家地理》杂志讨论了 2007 年在德国召开的 "G8+5" 环境部长会议上的生态系统和生物多样性的经济学(TEEB)报告,"Ecosystem Investments Could Yield Trillions of Dollars in Benefits, Study Finds," *NATGEO Newswatch*, November 13, 2009。TEEB 报告载于 www. teebweb. org。
35. 斯坦福大学的报告, "Q&A with Gretchen Daily, Woods Institute Fellow and Professor of Biological Sciences," August 2, 2007。
36. 同上。
37. Thomas L. Friedman, *The Lexus and the Olive Tree: Understanding Globalization* (New York: Farrar Straus Giroux, 1999).

特别说明

本章辑封第一段引文出自 Robert Solomon, *Love: Emotion, Myth and Metaphor* (New York: Doubleday, 1981)。

第二段引文出自 Jonathan Amos, "Study Limits Maximum Tree Height," *BBC News*, April 21, 2004。

5 公共部门开始追求经济效益

1. 参见 Lawrence Pratchett 与 Melvin Wingfield, "Petty Bureaucracy and Woolly-minded Liberalism? The Changing Ethos of Local Government Officers," *Public Adminstration* 74 (1996): 639–656。
2. 参见 Laurence E. Lynn Jr., *Public Management: Old and*

New (New York: Routledge, 2006), 书中对新公共管理的兴起有一个很好的概述。
3. Sandford Borins, "New Public Management, North American Style." In *New Public Management: Current Trends and Future Prospects*. Edited by Kate McLaughlin, Stephen P. Osborne, and Ewan Ferlie (London: Routledge, 2002), pp. 181 – 194。
4. Sandra Dawson and Charlotte Dargie, "New Public Management: A Discussion with Special Reference to UK Health." In *New Public Management: Current Trends and Future Prospects*. Edited by Kate McLaughlin, Stephen P. Osborne, and Ewan Ferlie (London: Routledge, 2002), pp. 34 – 56.
5. Laurence E. Lynn Jr., *Public Management: Old and New* (New York: Routledge, 2006); Stephen P. Osborne and Kate McLaughlin, "The New Public Management in Context." In *New Public Management: Current Trends and Future Prospects*. Edited by Kate McLaughlin, Stephen P. Osborne, and Ewan Ferlie (London: Routledge, 2002), pp. 7 – 14.
6. Laurence E. Lynn Jr., *Public Management: Old and New* (New York: Routledge, 2006); Sandra Dawson and Charlotte Dargie, "New Public Management: A Discussion with Special Reference to UK Health." In *New Public Management: Current Trends and Future Prospects*. Edited by Kate McLaughlin, Stephen P. Osborne, and Ewan Ferlie (London: Routledge, 2002), pp. 34 – 56.
7. Laurence E. Lynn Jr., *Public Management: Old and New* (New York: Routledge, 2006).
8. Jane Broadbent and Richard Laughlin, "Public Service Professionals and the New Public Management: Control of the Professions in the Public Services." In *New Public Management: Current Trends and Future Prospects*. Edited by Kate McLaughlin, Stephen P. Osborne, and Ewan Ferlie (London: Routledge, 2002), pp. 95 – 108.
9. Stephen P. Osborne 与 Kate McLaughlin 认为, 关于"新公共管理"能否提高政府效率, 目前还没有定论, "The New Public Management in Context." In *New Public Management: Current Trends and Future Prospects*. Edited by Kate McLaughlin, Stephen P. Osborne, and Ewan Ferlie (London: Routledge, 2002), pp. 7 – 14。

10. David D. Friedman 将效率描述为"我们应该做什么"这个问题的答案，*Law's Order: What Economics Has to do With Law and Why It Matters*（Princeton，NJ：Princeton University Press，2000）。

11. David Shichor，*Punishment for Profit*（Thousand Oaks，CA：Sage，1995）. 在中世纪的英国，如果你是一桩犯罪的受害者，你想要为此做点什么，你就得雇一个私人检察官，并自己支付诉讼费用。

12. 同上。

13. Norval Morris 与 David J. Rothman 在以下这本书的引言中概述了监禁背后的原因，*The Oxford History of the Prison: The Practice of Punishment in Western Society*. Edited by Norval Morris and David J. Rothman（New York：Oxford University Press，1995）。

14. David Shichor，*Punishment for Profit*（Thousand Oaks，CA：Sage，1995）.

15. 如想了解更多监狱外包的信息，请参阅 James Austin 与 Garry Coventry 的报告 *Emerging Issues on Privatized Prisons*（San Francisco，CA：National Council on Crime and Delinquency，2001）。

16. David J. Rothman 描述了监狱劳动，"Perfecting the Prison: United States, 1789 - 1865"，*The Oxford History of the Prison: The Practice of Punishment in Western Society*. Edited by Norval Morris and David J. Rothman（New York：Oxford University Press，1995）；David Shichor，*Punishment for Profit*（Thousand Oaks，CA：Sage，1995）。

17. 1992 年，美国囚犯的人均数据为 455，而南非为 332，加拿大为 109，瑞典为 61，参见 Norval Morris, "The Contemporary Prison: 1965-Present." In *The Oxford History of the Prison: The Practice of Punishment in Western Society*. Edited by Norval Morris and David J. Rothman（New York：Oxford University Press，1995）。

18. 将监狱外包的理由，David Shichor 有论述，参见 *Punishment for Profit*（Thousand Oaks，CA：Sage，1995）。

19. 同上。

20. James Austin and Garry Coventry, *Emerging Issues on Privatized Prisons*（San Francisco，CA：National Council on Crime and Delinquency，2001）；David Shichor，*Punishment for Profit*（Thousand Oaks，CA：Sage，1995）.

21. 欲了解更多关于民营监狱和员工工资福利降低的富有争议性的成功，请参阅 James Austin 与 Garry Coventry 的 *Emerging Issues on Privatized Prisons* (San Francisco, CA: National Council on Crime and Delinquency, 2001)。由于员工流动率高，加班变得特别繁重。例如，2005 年，加州狱警的基本工资平均为每年 57000 美元；加上加班费，2400 名狱警的加班费超过 10 万美元，最高的狱警的加班费为 18.7 万美元。(Steve Schmidt, "Prison Guards Lock Up Bundle in OT Pay," *San Diego Union Tribune*, February 28, 2006.)
22. Gary Paulsen, http://www.ipl.org/div/askauthor/paulsen.html.
23. Isaac Asimov, *I. Asimov, a Memoir* (New York: Doubleday, 1994).
24. Oliver Garceau, *The Public Library in the Political Process* (New York: Columbia University Press, 1949).
25. Ronald McCabe, *Civic Librarianship: Renewing the Social Mission of the Public Library* (Lanham, MD: Scarecrow Press, 2001).
26. 有关图书馆及其民主社会中的作用，请参阅 Molly Raphael, "Why Do Libraries Matter in the 21st Century?" In *Perspectives, Insights & Priorities: 17 Leaders Speak Freely of Librarianship*. Edited by Norman Horrocks (Lanham, MD: Scarecrow Press, 2005), pp. 115–122; Ed D'Angelo, *Barbarians at the Gates of the Public Library* (Duluth, MN: Library Juice Press, 2006)。
27. 波士顿公共图书馆理事会的声明被 John N. Berry III 引用，"Election 2004: The Library Fails Again." In *Perspectives, Insights & Priorities: 17 Leaders Speak Freely of Librarianship*. Edited by Norman Horrocks (Lanham, MD: Scarecrow Press, 2005), pp. 13–18。
28. United Nations Educational, Scientific, and Cultural Organization, "UNESCO Public Library Manifesto."
29. 有关图书馆、公共利益和社会的更多信息，请参见 Michael Gorman, "Library Values in a Changing World." In *Perspectives, Insights & Priorities: 17 Leaders Speak Freely of Librarianship*. Edited by Norman Horrocks (Lanham, MD: Scarecrow Press, 2005), pp. 55–62; Evelyn M. Campbell, Suzanne Duncan, Sonal Rastogi, and Joan

Wilson, "The Future is Now: Will Public Libraries Survive?" In *Reinvention of the Public Library for the 21st Century*. Edited by William L. Whitesides Sr., (Englewood, CO: Libraries Unlimited, 1998), pp. 180 - 204。

30. Samuel E. Trosow and Kirsti Nilsen, *Constraining Public Libraries: The World Trade Organization's General Agreement on Trade in Services* (Lanham, MD: Scarecrow Press, 2006).

31. Herbert I. Schiller, Culture, Inc. (Oxford: Oxford University Press, 1989); Michael Gorman, "Library Values in a Changing World." In *Perspectives, Insights & Priorities: 17 Leaders Speak Freely of Librarianship*. Edited by Norman Horrocks (Lanham, MD: Scarecrow Press, 2005), pp. 55 - 62.

32. American Library Association Office of Intellectual Freedom, "The Freedom to Read Statement."

33. 美国图书馆协会每年都会列出图书馆收藏中最具挑战性的书。参见 Leigh S. Estabrook, "A Virtuous Profession." In *Perspectives, Insights & Priorities: 17 Leaders Speak Freely of Librarianship*. Edited by Norman Horrocks (Lanham, MD: Scarecrow Press, 2005), pp. 43 - 48; Ann K. Symons, "The More Things Change, the More Things Remain the Same." In *Perspectives, Insights & Priorities: 17 Leaders Speak Freely of Librarianship*. Edited by Norman Horrocks (Lanham, MD: Scarecrow Press, 2005), pp. 123 - 130. 这就是为什么许多图书馆员反对美国 2001 年的《爱国者法案》。

34. Herbert I. Schiller 描述了图书馆如何创造市场无法创造的信息资源,参见 *Culture, Inc.* (Oxford: Oxford University Press, 1989)。

35. Camila Alire, "The Library Professional." In *Perspectives, Insights & Priorities: 17 Leaders Speak Freely of Librarianship*. Edited by Norman Horrocks (Lanham, MD: Scarecrow Press, 2005), pp. 55 - 62.

36. Ronald McCabe, *Civic Librarianship: Renewing the Social Mission of the Public Library* (Lanham, MD: Scarecrow Press, 2001).

37. 在 21 世纪的头十年,最伟大的禁书或最具挑战性的书包括 J. K. 罗琳的《哈利·波特》系列、约翰·斯坦贝克的《人鼠之间》、玛雅·安吉罗的《我知道笼中鸟为何歌唱》、马克·吐温的《哈克贝利·费恩历险记》、J. D. 塞林格的《麦田里的守望者》和阿道司·赫胥黎的《美丽新世界》。出自美国图书馆协会,"2000 - 2009 年 100 本最伟大的禁书/最具挑战性的书"。

38. Ken Haycock, "Librarianship: Intersecting Perspectives for the Academy and From the Field." In *Perspectives, Insights & Priorities: 17 Leaders Speak Freely of Librarianship*. Edited by Norman Horrocks (Lanham, MD: Scarecrow Press, 2005), pp. 63 - 72.

39. Steve Coffman, "What If You Ran Your Library Like a Bookstore?" In *American Libraries* 29 (1998): 40 - 46; Megan Lane 强调图书馆是概念店,"Is This the Library of the Future?" *BBC News*, March 18, 2003。

40. Ruth Rikowski, "The Corporate Takeover of Libraries," *Information for Social Change* 14; Ronald McCabe, *Civic Librarianship: Renewing the Social Mission of the Public Library* (Lanham, MD: Scarecrow Press, 2001).

41. 逾期图书的罚款不计入费用,因为图书馆用户可以通过按时还书来避免被罚款,参见 Samuel E. Trosow and Kirsti Nilsen, *Constraining Public Libraries: The World Trade Organization's General Agreement on Trade in Services* (Lanham, MD: Scarecrow Press, 2006)。

42. Jason Hammond 强调了公共图书馆的付费制度,"Cash Cow: User Fees in Alberta Public Libraries," *Partnership: The Canadian Journal of Library and Information Practice and Research* 2 (2007)。

43. Shelley Mardiros 记录了班夫镇在图书馆收费方面的经验,参见 "Banff's Very Public Library," *Alberta Views* 4 (2001): 37 - 39。

44. Jason Hammond, "Cash Cow: User Fees in Alberta Public Libraries," *Partnership: The Canadian Journal of Library and Information Practice and Research* 2 (2007).

45. Samuel E. Trosow and Kirsti Nilsen, *Constraining Public Libraries: The World Trade Organization's General Agreement on Trade in Services* (Lanham, MD: Scarecrow Press, 2006).

46. Geoff Dembicki, "Librarians Told to Stand on Guard for 2010 Sponsors," *The Tyee*, January 12, 2010.

47. 有关公共图书馆外包的更多信息，请参见 Samuel E. Trosow 与 Kirsti Nilsen 的 *Constraining Public Libraries: The World Trade Organization's General Agreement on Trade in Services* (Lanham, MD: Scarecrow Press, 2006)。

48. Samuel E. Trosow and Kirsti Nilsen, *Constraining Public Libraries: The World Trade Organization's General Agreement on Trade in Services* (Lanham, MD: Scarecrow Press, 2006); Norman Oder, "When LSSI Comes to Town," *Library Journal*, October 1, 2004.

49. David Streitfeld, "Anger as a Private Company takes Over Libraries," *The New York Times*, September 26, 2010.

特别说明

第一段引文出自 *The Political Writings of John Adams*, Edited by George W. Carey (Washington, DC: Regnery Publishing, 2000)。

第二段引文引自 Mike Smith，由 Kelly Regan 报道，参见 "Fossil Fuels Official Gives Oil, Gas Support," *Charleston Gazette*, January 31, 2002。

6 医疗产业鼓励民众看病 十字架变成宗教商标

1. Daniel Callahan 在他的书中引用了柏拉图对医生的看法，*False Hopes: Why America's Quest For Perfect Health is a Recipe for Failure* (New York: Simon & Schuster, 1998)。

2. Paul Starr, *The Social Transformation of American Medicine* (New York: Basic Books, 1982).

3. Anne Stoline and Jonathan P. Weiner, *The New Medical Marketplace: A Physician's Guide to the Health Care Revolution* (Baltimore: Johns Hopkins University Press, 1988).

4. 同上。

5. Paul Starr, *The Social Transformation of American Medicine* (New York: Basic Books, 1982).

6. Anne Stoline and Jonathan P. Weiner, *The New Medical Marketplace: A Physician's Guide to the Health Care Revolution* (Baltimore: Johns Hopkins University Press, 1988).

7. Paul Starr, *The Social Transformation of American Medicine* (New York: Basic Books, 1982).

8. Paul Starr 强调了美国医学会的伦理守则，*The Social Trans-*

formation of American Medicine (New York: Basic Books, 1982)。
9. Anne Stoline and Jonathan P. Weiner, *The New Medical Marketplace: A Physician's Guide to the Health Care Revolution* (Baltimore: Johns Hopkins University Press, 1988); 看不同的专家会让病人"支离破碎"。
10. Daniel Callahan, *False Hopes: Why America's Quest For Perfect Health is a Recipe for Failure* (New York: Simon & Schuster, 1998).
11. Eliot Freidson, *Medical Work in America: Essays on Health Care* (New Haven: Yale University Press, 1989).
12. Anne Stoline and Jonathan P. Weiner, *The New Medical Marketplace: A Physician's Guide to the Health Care Revolution* (Baltimore: Johns Hopkins University Press, 1988).
13. 有趣的是,在博物馆领域也是如此:随着昂贵的博物馆照明技术和温度湿度控制技术的发展,成本增加而非减少。
14. B. H. Gray and W. J. McNerney 把过去的医院比作家庭农场, "For-profit Enterprise in Health Care. The Institute of Medicine Study," *New England Journal of Medicine* 314 (1986): 1523–1528。
15. Rosemary Stevens 强调了跨国医疗公司股价的增长, *In Sickness and in Wealth: American Hospitals in the Twentieth Century* (Baltimore: Johns Hopkins University Press, 1999)。
16. Anne Stoline and Jonathan P. Weiner, *The New Medical Marketplace: A Physician's Guide to the Health Care Revolution* (Baltimore: Johns Hopkins University Press, 1988).
17. Arnold S. Relman, *A Second Opinion* (New York: Public Affairs, 2007); Rosemary Stevens, *In Sickness and in Wealth: American Hospitals in the Twentieth Century* (Baltimore: Johns Hopkins University Press, 1999).
18. 有关商学院教授和经济学家制定医疗政策的例子,请参阅 Regina Herzlinger (哈佛商学院经济学教授), *Who Killed Health Care? America's $2 Trillion Dollar Medical Problem—And the Consumer-Driven Cure* (New York: McGraw-Hill, 2007); Michael E. Porter and Elizabeth Olmsted Teisberg (战略、竞争力和创新方面的商学院教授), *Redefining Health Care: Creating Value-Based Competition on Results* (Cambridge: Harvard Business School Press, 2006)。

19. Arnold S. Relman, *A Second Opinion* (New York: Public Affairs, 2007).
20. Daniel Callahan, *False Hopes: Why America's Quest For Perfect Health is a Recipe for Failure* (New York: Simon & Schuster, 1998).
21. Paul Starr, *The Social Transformation of American Medicine* (New York: Basic Books, 1982).
22. 美国医学会 1966 年司法理事会的意见和报告，引述于 Arnold S. Relman, *A Second Opinion* (New York: Public Affairs, 2007).
23. Eliot Freidson, *Medical Work in America: Essays on Health Care* (New Haven: Yale University Press, 1989).
24. Rosemary Stevens, *American Medicine and the Public Interest* (New Haven: Yale University Press, 1971); Anne Stoline and Jonathan P. Weiner, *The New Medical Marketplace: A Physician's Guide to the Health Care Revolution* (Baltimore: Johns Hopkins University Press, 1988); Eliot Freidson, *Medical Work in America: Essays on Health Care* (New Haven: Yale University Press, 1989).
25. Daniel Callahan, *False Hopes: Why America's Quest For Perfect Health is a Recipe for Failure* (New York: Simon & Schuster, 1998).
26. Rosemary Stevens, *In Sickness and in Wealth: American Hospitals in the Twentieth Century* (Baltimore: Johns Hopkins University Press, 1999).
27. Paul Basken, "Medical Journals See a Cost to Fighting Industry Backed Research," *Chronicle of Higher Education*, September 13, 2009.
28. Duff Wilson and Natasha Singer, "Ghostwriting is Called Rife in Medical Journals," *The New York Times*, September 11, 2009.
29. 同上。
30. 关于医生与行业关系的全国调查，见 Ibby Caputo 的 "Probing Doctors' Ties to Industry," *The Washington Post*, August 18, 2009。
31. 有关美国医疗破产案件的更多信息，请参见 David U. Himmelstein, Deborah Thorne, Elizabeth Warren, and Steffie Woolhandler, "Medical Bankruptcy in the United States, 2007: Results of a National Study," *American Journal of*

Medicine 122 (2009): 741–746。

32. Paul Starr, *The Social Transformation of American Medicine* (New York: Basic Books, 1982).
33. Arnold S. Relman, *A Second Opinion* (New York: Public Affairs, 2007).
34. Daniel Callahan, *False Hopes: Why America's Quest For Perfect Health is a Recipe for Failure* (New York: Simon & Schuster, 1998).
35. James W. Fowler 引用 Wilfred Cantwell Smith 关于信仰的观点, *Stages of Faith: The Psychology of Human Development and the Quest for Meaning* (New York: HarperCollins, 1995)。
36. 关于宗教与公共生活的论坛, "U. S. Religious Landscape Survey," 2007。
37. Diana Butler Bass 出色地展示了基督教在不同历史时期的信仰, *A People's History of Christianity* (New York: HarperOne, 2007)。
38. 同上。
39. 同上。
40. 更多关于新教职业道德的内容，请看马克斯·韦伯的经典著作, *The Protestant Ethic and the Spirit of Capitalism* (New York: Scribner, 1976); Diana Butler Bass, *A People's History of Christianity* (New York: HarperOne, 2007)。
41. Diana Butler Bass, *A People's History of Christianity* (New York: HarperOne, 2007).
42. 同上。
43. Michael Budde and Robert Brimlow, *Christianity Incorporated* (Grand Rapids, MI: Brazos Press, 2002); John B. Cobb, Jr., *Sustaining the Common Good* (Cleveland: Pilgrim Press, 1994).
44. 本文对宗教市场理论进行了详细阐述, Roger Finke, Avery M. Guest, and Rodney Stark, "Mobilizing local religious markets: Religious pluralism in the empire state, 1855–1865," *American Sociological Review* 61 (1996): 203–218。
45. 譬如: Rodney Stark, Roger Finke, and Laurence Iannaccone, "Pluralism and piety: England and Wales, 1851," *Journal for the Scientific Study of Religion* 34 (1995): 431–444; Roger Finke, Avery M. Guest, and Rodney Stark, "Mobili-

zing local religious markets: Religious pluralism in the empire state, 1855 – 1865," *American Sociological Review* 61 (1996): 203 – 218。

46. Roger Finke, Avery M. Guest, and Rodney Stark, "Mobilizing local religious markets: Religious pluralism in the empire state, 1855 – 1865," *American Sociological Review* 61 (1996): 203 – 218。
47. "Jesus, CEO: Churches as Businesses," *The Economist* 377 (2005): 41 – 44.
48. Kirbyjon Caldwell and Walt Kallestad, *Entrepreneurial Faith* (Colorado Springs: Waterbrook Press, 2004).
49. 这句话来自比利·格雷厄姆福音派协会的前任执行副总裁暨商业经理, *Billy Graham, God's Ambassador* (New York: HarperOne, 2007)。
50. "Product Placement in the Pews? Microtargeting meets Megachurches," Knowledge @ Wharton, November 15, 2006.
51. 同上。
52. "Product Placement in the Pews? Microtargeting meets Megachurches," Knowledge @ Wharton, November 15, 2006; Michael L. Budde, "Collecting Praise: Global Culture Industries." In *The Blackwell Companion to Christian Ethics*. Edited by Stanley Hauerwas and Samuel Wells (Malden, MA: Blackwell, 2004), pp. 123 – 137.
53. Michael L. Budde, "Collecting Praise: Global Culture Industries." In *The Blackwell Companion to Christian Ethics*. Edited by Stanley Hauerwas and Samuel Wells (Malden, MA: Blackwell, 2004), pp. 123 – 137; Perry Dane, "The Corporation Sole and the Encounter of Law and Church." In *Sacred Companies*. Edited by N. J. Demerath III, Peter Dobkin Hall, Terry Schmitt, and Rhys H. Williams (Oxford, Oxford University Press: 1998).
54. Darrell Guder, *The Continuing Conversion of the Church* (Grand Rapids, Michigan: William B. Eerdmans, 2000).
55. Philip D. Kenneson and James L. Street, *Selling Out the Church* (Eugene, Oregon: Wipf & Stock, 2003).

特别说明

第一段引文出自 E. F. Schumacher, *Small is Beautiful*

(New York: Harper & Row, 1973)。

第二段引文出自 Mother Teresa, *No Greater Love* (New York: New World Library, 2002)。

7 接受教育只为更高的薪资

1. 许多学者都在讨论高等教育中的市场效应。例如，Douglas M. Priest and Edward P. St. John, *Privatization and Public Universities* (Bloomington: Indiana University Press, 2006); Edward P. St. John and Ontario S. Wooden, "Privatization and Federal Funding for Higher Education." In *Privatization and Public Universities*. Edited by Douglas M. Priest and Edward P. St. John (Bloomington: Indiana University Press, 2006), pp. 38–64; Susan Wright, "Markets, Corporations, Consumers? New Landscapes of Higher Education," *Learning & Teaching in the Social Sciences* 1 (2004): 71–93; Brian Pusser, "Higher Education, Markets, and the Preservation of the Public Good." In *Earnings From Learning*. Edited by David W. Breneman, Brian Pusser, and Sarah E. Turner (New York: State University of New York Press, 2006), pp. 23–49。

2. 要了解更多科学知识的历史，请参见 Jerome R. Ravetz, *Scientific Knowledge and its Social Problems* (New York: Oxford University Press, 1971)。

3. Joshua B. Power 描述了知识的商业化，"Patents and Royalties." In *Privatization and Public Universities*. Edited by Douglas M. Priest and Edward P. St. John (Bloomington: Indiana University Press, 2006), pp. 129–150。

4. Robert Merton 四项科学准则的简明概要，见 Bruce Macfarlane and Ming Cheng, "Communism, Universalism and Disinterestedness: Re-examining Contemporary Support Among Academics for Merton's Scientific Norms," *Journal of Academic Ethics*, 6 (2008): 67–78。

5. 伽利略关于真实和科学的陈述出自 Galileo Galilei, *Dialogue on the Great World Systems*, *The Salusbury Translation*. Edited by G. de Santillana, (Chicago: University of Chicago Press, 1953), 引自 Jerome R. Ravetz, *Scientific Knowledge and its Social Problems* (New York: Oxford University Press, 1971)。

6. Jerome R. Ravetz, *Scientific Knowledge and its Social Problems* (New York: Oxford University Press, 1971).
7. 在教育服务行业,2003 年,美国的非营利性高等教育部门由近 4000 个组织组成,代表了约 140 万名学生,每年支出超过 2000 亿美元。David W. Breneman, Brian Pusser, and Sarah E. Turner, "The Contemporary Provision of For-Profit Higher Education." In *Earnings From Learning*. Edited by David W. Breneman, Brian Pusser, and Sarah E. Turner (New York: State University of New York Press, 2006), pp. 3-22.
8. "Arts Degrees 'Reduce Earnings,'" *BBC News*, March 6, 2003.
9. 同上。
10. Jason Tan, "The Marketisation of Education in Singapore: Policies and Implications," *International Review of Education* 44 (1998): 47-63; Ka-ho Mok, "Education and the Market Place in Hong Kong and Mainland China," *Higher Education* 37 (1999): 133-158; Yin Qiping, "The 'Marketisation' of Chinese Higher Education: A Critical Assessment," *Comparative Education*, 30 (1994): 217-233.
11. 不断上涨的专业课程学费在加拿大尤为突出,参见 Marc Frenette, "The Impact of Tuition Fees on University Access: Evidence From a Large-Scale Price Deregulation in Professional Programs," *Statistics Canada* 11F0019MIE-Number 263 (2005)。
12. 有关财政援助的更多变化,请参见 Sean Junor and Alex Usher, "The End of Need-Based Student Financial Aid in Canada?" *Educational Policy Institute* (2007); "Canadian Millennium Scholarship Foundation," 提交给下议院财政常设委员会 2006 年预算前磋商的简介。
13. Douglas M. Priest and Edward P. St. John, *Privatization and Public Universities* (Bloomington: Indiana University Press, 2006).
14. Simon Marginson, "National and Global Competition in Higher Education," *Australian Educational Researcher* 31 (2004): 1-28.
15. Sally Power and Geoff Whitty, "Teaching New Subjects? The Hidden Curriculum of Marketized Education Systems." 论文发表于 1997 年 3 月 24-28 日美国教育研究协会年会,

芝加哥，伊利诺伊州。
16. Michael Pearce, "The Marketization of Discourse About Education in UK General Election Manifestos," Text 24 (2004): 245 – 265; Ingolfur Asgeir Johannesson, Sverker Lindblad, and Hannu Simola, "An Inevitable Progress? Educational Restructuring in Finland, Iceland, and Sweden at the Turn of the Millennium," *Scandinavian Journal of Educational Research* 46 (2002): 325 – 339; Izhar Oplatka, Jane Hesley-Brown, and Nick H. Foskett, "The Voice of Teachers in Marketing Their School: Personal Perspectives in Competitive Environments," *School Leadership & Management* 22 (2002): 177 – 196.
17. Brian Pusser, "Higher Education, Markets, and the Preservation of the Public Good." In *Earnings From Learning*. Edited by David W. Breneman, Brian Pusser, and Sarah E. Turner (New York: State University of New York Press, 2006), pp. 23 – 49; Kathryn Hibbert and Luigi Iannacci, "From Dissemination to Discernment: The Commodification of Literacy Instruction and the Fostering of Good Teacher Consumerism," *Reading Teacher* 58 (2005): 716 – 727; Susan Wright, "Markets, Corporations, Consumers? New Landscapes of Higher Education," *Learning & Teaching in the Social Sciences* 1 (2004): 71 – 93; Ka-ho Mok, "Education and the Market Place in Hong Kong and Mainland China," *Higher Education* 37 (1999): 133 – 158.
18. 有关高等教育商业化的传播和影响的优秀的早期概述，请参阅 Sheila Slaughter and Gary Rhoades, *Academic Capitalism and the New Economy* (Baltimore: Johns Hopkins University Press, 2004)。
19. Douglas M. Priest and Rachel Dykstra Boon, "Incentive-based Budgeting Systems in the Emerging Environment." In *Earnings From Learning*. Edited by David W. Breneman, Brian Pusser, and Sarah E. Turner (New York: State University of New York Press, 2006), pp. 175 – 188.
20. 美国大学教授协会发布的《2006年师资指数》(*2006 Contingent faculty Index*) 显示，终身教职的数量下降，可参见 Peter Conn, "We Need to Acknowledge the Realities of Employment in the Humanities," *The Chronicle Review*, April 4, 2010。

21. Marc Bousquet 在他的书中概述了学术界的工作保障是如何受到市场化影响的，*How the University Works: Higher Education and the Low-Wage Nation*（New York：New York University Press，2008）。
22. Marc Bousquet，*How the University Works: Higher Education and the Low-Wage Nation*（New York：New York University Press，2008）. 同时可参考 Sheila Slaughter and Larry L. Leslie，*Academic Capitalism: Politics, Policies, and the Entrepreneurial University*（Baltimore：Johns Hopkins University Press，1997）。
23. Fazal Rizvi 描述过经济学语言在学术界的兴起。"The Ideology of Privatization in Higher Education：A Global Perspective." In *Earnings From Learning*. Edited by David W. Breneman, Brian Pusser, and Sarah E. Turner（New York：State University of New York Press，2006），pp. 65 – 84; Peter Roberts, "The Future of the University：Reflections from New Zealand," *International Review of Education* 45（1999）：65 – 86; Ka-ho Mok, "The Cost of Managerialism：The Implications for the 'McDonaldisation' of Higher Education in Hong Kong," *Journal of Higher Education Policy* 21（1999）：117 – 127。
24. Jerome R. Ravetz, *Scientific Knowledge and its Social Problems*（*New York：Oxford University Press*，1971）.
25. 同上。
26. 例如，在知识商业化，以及科学和产业界的合作关系方面，参见 Eyal Press and Jennifer Washburn, "The Kept University," *Atlantic Monthly* 285（2000）：39 – 53; David Blumenthal, Eric G. Campbell, Nancy Anne Causino, and Karen Seashore Louis, "Participation of Life-Science Faculty in Research Relationships with Industry," *New England Journal of Medicine* 335（1996）：1734 – 1739。
27. Eric G. Campbell, Joshua B. Powers, David Blumenthal, and Brian Biles, "Inside the Triple Helix：Technology Transfer and Commercialization in the Life Sciences," *Health Affairs* 23（2004）：64 – 76. 今天，大多数商业化活动发生在生物科学领域。2001 年，美国近一半的学术专利来自化学、分子生物学和微生物学等生命科学领域，而 1980 年这一比例仅为 15%。
28. 至于商学院与人文学科之间的薪资差距，请参见 James

Engell and Anthony Dangerfield, "The Market-Model University: Humanities in the Age of Money," *Harvard Alumni Magazine* (May/June 1998).
29. 譬如，Robert N. Watson's "The Humanities Really Do Produce a Profit," *Chronicle of Higher Education*, March 21, 2010.
30. John Mursell, *Principles of Democratic Education* (New York: W. W. Norton, 1955).
31. Clifford Geertz, *Available Light* (Princeton, NJ: Princeton University Press, 2000).

特别说明

第一段引文是当时已 93 岁高龄的 Sophie Mumford 的话，出自 Studs Terkel, *Coming of Age* (New York: New Press, 1995)。

Marc Bousquet 引用了 John Lombardi 的话，*How the University Works: Higher Education and the Low-Wage Nation* (New York: New York University Press, 2008)。

8 创意从无价变成天价

1. 关于艺术理念的历史的精彩概述，请参阅 Larry Shiner, *The Invention of Art: A Cultural History* (Chicago: University of Chicago Press, 2001)。
2. 同上。
3. 巴黎卢浮宫于 1973 年开幕，展出的是法国大革命期间从君主和贵族手中没收的艺术品。参阅 Larry Shiner, *The Invention of Art: A Cultural History* (Chicago: University of Chicago Press, 2001)。
4. Eric Moody, "Politics and Museums." In *Museums 2000: Politics, People, Professionals, and Profit*. Edited by Patrick J. Boylan (London: Routledge, 1992).
5. Lee Hye-Kyung 描述了艺术家和市场之间的关系，"When Arts Met Marketing," *International Journal of Cultural Policy* 11 (2005): 289–305。
6. Hugh Honour, *Romanticism* (London: Allen Lane, 1979); Larry Shiner, *The Invention of Art: A Cultural History* (Chicago: University of Chicago Press, 2001).
7. 关于我们与博物馆的关系，请参阅 Russell Keat, *Cultural*

Goods and the Limits of the Market (London: MacMillan Press, 2000); Linda Moss, "Encouraging Creative Enterprise in Russia." In *Entrepreneurship in the Creative Industries: An International Perspective*. Edited by Colette Henry, (Cheltenham: Edward Elgar, 2007), pp. 142 - 158; Stephen Weil, *Rethinking the Museum* (Washington: Smithsonian, 1990), p. xviii。

8. Stephen Weil, *Beauty and the Beasts: On Museums, Art, the Law, and the Market* (Washington: Smithsonian, 1983).

9. 同上。

10. Stephen Weil, *Rethinking the Museum* (Washington: Smithsonian, 1990).

11. Perry T. Rathbone, "Influences of Private Patrons: The Art Museum as an Example." In *The Arts and Public Policy in the United States*. Edited by W. McNeil Lowry (Englewood Cliffs: Prentice-Hall, 1984); Stanley N. Katz, "Influences on Public Policies in the United States." In *The Arts and Public Policy in the United States*. Edited by W. McNeil Lowry (Englewood Cliffs: Prentice-Hall, 1984); W. McNeil Lowry, "Introduction." In *The Arts and Public Policy in the United States*. Edited by W. McNeil Lowry (Englewood Cliffs: Prentice-Hall, 1984); Perry T. Rathbone, "Influences of Private Patrons: The Art Museum as an Example." In *The Arts and Public Policy in the United States*. Edited by W. McNeil Lowry (Englewood Cliffs: Prentice-Hall, 1984); Stephen Weil, *Beauty and the Beasts: On Museums, Art, the Law, and the Market* (Washington: Smithsonian, 1983).

12. John F. Kennedy 关于艺术的名言见于 "A Symposium: Issues in the Emergence of Public Policy." In *The Arts and Public Policy in the United States*. Edited by W. McNeil Lowry (Englewood Cliffs: Prentice-Hall, 1984)。

13. Larry Shiner, *The Invention of Art: A Cultural History* (Chicago: University of Chicago Press, 2001). 高级艺术与低级艺术会随着时间的推移而变化。一个时代的高雅文化是另一个时代的流行文化。例如，在18世纪，室内乐被认为是流行文化。

14. Stephen Weil, *Beauty and the Beasts: On Museums, Art, the Law, and the Market* (Washington: Smithsonian,

1983).

15. W. McNeil Lowry, "Introduction." In *The Arts and Public Policy in the United States*. Edited by W. McNeil Lowry (Englewood Cliffs: Prentice-Hall, 1984).

16. Stephen Weil, *Beauty and the Beasts: On Museums, Art, the Law, and the Market* (Washington: Smithsonian, 1983); "A Symposium: Issues in the Emergence of Public Policy." In *The Arts and Public Policy in the United States*. Edited by W. McNeil Lowry (Englewood Cliffs: Prentice-Hall, 1984).

17. 香港文化政策研究中心对创意产业的定义载于"Baseline Study on Hong Kong's Creative Industries,"中国香港特别行政区, 2003 年 9 月。

18. 更多关于创意产业的信息,包括它们的快速增长和价值,请参见 *Entrepreneurship in the Creative Industries: An International Perspective*. Edited by Colette Henry (Cheltenham: Edward Elgar, 2007)。

19. Colette Henry, "Introduction." In *Entrepreneurship in the Creative Industries: An International Perspective*. Edited by Colette Henry (Cheltenham: Edward Elgar, 2007), pp. 1 - 6. 注意,很难比较不同国家的创意产业,因为不同国家使用不同的定义和数据来源, National Endowment for Science, Technology and the Arts, "Creating Growth: How the UK Can Develop World Class Creative Businesses," April 2006。

20. Calvin Taylor, "Developing Relationships Between Higher Education, Enterprise and Innovation in the Creative Industries." In *Entrepreneurship in the Creative Industries: An International Perspective*. Edited by Colette Henry (Cheltenham: Edward Elgar, 2007), pp. 178 - 196; Paul J. DiMaggio, "The Nonprofit Instrument and the Influence of the Marketplace on Policies in the Arts." In *The Arts and Public Policy in the United States*. Edited by W. McNeil Lowry (Englewood Cliffs: Prentice-Hall, 1984); "A Symposium: Issues in the Emergence of Public Policy." In *The Arts and Public Policy in the United States*. Edited by W. McNeil Lowry (Englewood Cliffs: Prentice-Hall, 1984).

21. Ian Youngs, "Radiohead Guitarist Ed O'Brien Warns of Money Pressure," *BBC News*, January 24, 2010.

22. 关于艺术市场的崛起，可参阅 Lee Hye-Kyung, "When Arts Met Marketing," *International Journal of Cultural Policy* 11 (2005): 289-305; Paul J. DiMaggio, "The Nonprofit Instrument and the Influence of the Marketplace on Policies in the Arts." In *The Arts and Public Policy in the United States*. Edited by W. McNeil Lowry, (Englewood Cliffs: PrenticeHall, 1984)。
23. 例如，阿尔伯塔的博物馆开始认为自己在与当时世界上最大的购物中心西埃德蒙顿购物中心竞争。可参阅 Leslie S. Oakes, Barbara Townley, and David J. Cooper, "Business Planning as Pedagogy: Language and Control in a Changing Institutional Field," *Administrative Science Quarterly* 43 (1998): 257-292。
24. Paul J. DiMaggio, "The Nonprofit Instrument and the Influence of the Marketplace on Policies in the Arts." In *The Arts and Public Policy in the United States*. Edited by W. McNeil Lowry (Englewood Cliffs: Prentice-Hall, 1984).
25. 公司提供的博物馆展品由 Robin Pogrebin 记录，"And Now, An Exhibition From Our Sponsor," *The New York Times* (August 21, 2009)。
26. "Swiffer Named 'Official Cleaner of The Children's Museum of Indianapolis'," Procter & Gamble press release, December 22, 2009, on PR Newswire website; Lee Rosenbaum, blog post on "New Frontiers in Corporate Sponsorship: A Museum's 'Official Cleaner'," CultureGrrl Blog, 2009 年 12 月 23 日发布。
27. "The Children's Museum of Indianapolis and Mattel Present Barbie™: The Fashion Experience," 2009 年 11 月 13 日，印第安纳波利斯儿童博物馆新闻发布会；Lee Rosenbaum, blog 发布 "New Frontiers in Corporate Sponsorship: A Museum's 'Official Cleaner'," CultureGrrl Blog, 2009 年 12 月 23 日发布。
28. Linda Moss, "Encouraging Creative Enterprise in Russia." In *Entrepreneurship in the Creative Industries: An International Perspective*. Edited by Colette Henry (Cheltenham: Edward Elgar, 2007).
29. 引自 Tom Brown, Stuart Crainer, Des Dearlove and Jorge Nascimento Rodrigues, *Business Minds: Connect with the World's Greatest Management Thinkers* (Prentice Hall Fi-

nancial Times, London, 2002)。
30. 譬如 Maev Kennedy, "Jewellers sponsor Fay Weldon's latest literary gem," *The Guardian*, September 4, 2001。
31. Don Thompson, *The $12 Million Stuffed Shark: The Curious Economics of Contemporary Art* (Toronto: Doubleday Canada, 2008); Adrian Dannatt, "Jeff Koons On His Serpentine Show, His Inspirations and How His Studio System Works," *The Art Newspaper* 204 (2009).
32. Don Thompson, *The $12 Million Stuffed Shark: The Curious Economics of Contemporary Art* (Toronto: Doubleday Canada, 2008).
33. Sean O'Hagan, "Damien of the Dead," *The Observer*, February 19, 2006.
34. Sarah Thornton 采访 Takashi Murakami 与 Marc Jacobs, *Seven Days in the Art World* (New York: W. W. Norton, 2008)。
35. Oliver Bennett, *Cultural Policy and the Crisis of Legitimacy: Entrepreneurial Answers in the United Kingdom* (1996) p. 11, Centre for the Study of Cultural Policy, University of Warwick, Coventry, 引自 Lee Hye-Kyung, "When Arts Met Marketing," *International Journal of Cultural Policy* 11 (2005): 289–305。

特别说明

第一段引文出自 Stanley Kunitz, *The Wild Braid* (New York: W. W. Norton, 2005)。

第二段引文出自经济学家 Tyler Cowen, *In Praise of Commercial Culture* (Cambridge: Harvard University Press, 1998)。

9 单一文化狭隘化我们的生活体验

1. 理查德·费曼讲述的盘子晃动的故事,出自 Frank Barron, Anthea Barron, and Alfonso Montuori, *Creators on Creating* (New York: Tarcher, 1997)。
2. Joseph Campbell 与 Bill Moyers 谈到"从你所好", *The Power of Myth* (New York: Doubleday, 1988)。
3. Václav Havel, "The Power of the Powerless." In *Living in Truth*. Edited by Jan Vladislav (London: Faber and Faber, 1989), pp. 36–122.

4. 同上。
5. 同上。
6. Craig McInnis and Malcolm Anderson, "Academic work satisfaction in the wake of institutional reforms in Australia." In *The Professoriate*. Edited by Anthony Welch (Dordrecht, Netherlands: Springer, 2005), pp. 133–145.
7. 同上。
8. Oscar Wilde, *De Profundis, The Ballad of Reading Gaol and Other Writings* (Hertfordshire: Wordsworth Editions, 1999).
9. Abraham Maslow 描述了更高层次的人性需求和形而上学，*The Farther Reaches of Human Nature* (New York: Viking, 1971)。

特别说明
引文出自 Karen Armstrong 的自传 *The Spiral Staircase* (New York: Alfred A. Knopf, 2004)。

10 另寻解决之道

1. Václav Havel, "The Power of the Powerless." In *Living in Truth*. Edited by Jan Vladislav (London: Faber and Faber, 1989), pp. 36–122.
2. 平行结构来自 Václav Havel, "The Power of the Powerless." In *Living in Truth*. Edited by Jan Vladislav (London: Faber and Faber, 1989), pp. 36–122。
3. 同上。
4. E. F. Schumacher, *Small is Beautiful* (New York: Harper & Row, 1973).
5. Wendy Parkins and Geoffrey Craig, *Slow Living* (Oxford: Berg Publishers, 2006).
6. Geoff Andrews, *The Slow Food Story: Politics and Pleasure* (Montreal: McGill-Queen's University Press, 2008).
7. Jean Vanier 关于一起吃饭之乐趣的话，出自 *Be Not Afraid* (Toronto: Griffin House, 1975)。
8. Ilse Crawford, *Home is Where the Heart Is* (London: Quadrille, 2005).
9. Christopher Alexander, *The Timeless Way of Building* (New York: Oxford University Press, 1979).

10. 同上。
11. 在国家建筑博物馆采访 Michael Mehaffy 的时候，他谈到了 Christopher Alexander 及后者在 2009 年获斯库利奖对这个行业的影响。威廉·桑德斯引用了他的话。
12. Christopher Alexander, "The Origins of Pattern Theory, the Future of the Theory, and the Generation of a Living World." 1996 年美国计算机学会召开的关于对象程序、系统、语言和应用的主题演讲。
13. Christopher Alexander, *The Timeless Way of Building* (New York: Oxford University Press, 1979).
14. 同上。
15. 要详细解释非暴力沟通方法的四个组成部分，使用该方法的对话在实践中听起来如何，以及如何在你自己的生活中使用该方法，请参阅 Dr. Marshall Rosenberg, *Nonviolent Communication: A Language of Life* (Encinitas, California: PuddleDancer Press, 2003) or visit www.CNVC.org and www.NonviolentCommunication.com。
16. Marshall Rosenberg, *Nonviolent Communication: A Language of Life* (Encinitas, California: PuddleDancer Press, 2003).
17. 同上。也可参见 www.NonviolentCommunication.com。
18. Albert Einstein, *Ideas and Opinions* (New York: Wings, 1954).

特别说明

引文出自 Erich Fromm, *To Have or To Be?* (New York: Harper & Row, 1976)。

后 记

第一段引文出自 Leo Tolstoy, *War and Peace*, trans. Richard Pevear and Larissa Volokhonsky (New York: Knopf, 2007)。

第二段引文出自 Clarissa Pinkola Estés, *Women Who Run With the Wolves* (New York: Random House, 1992)。

参考书目

"A Symposium: Issues in the Emergence of Public Policy." In *The Arts and Public Policy in the United States.* Edited by W. McNeil Lowry, Englewood Cliffs: Prentice-Hall, 1984.

Adams, John. *Political Writings of John Adams.* Edited by George W. Carey Washington, DC: Regnery Publishing, 2000.

Alexander, Christopher, Sara Ishikawa, Murray Silverstein, Max Jacobxon, Ingrid Fiksdahl-King, and Shlomo Angel. *A Pattern Language.* New York: Oxford University Press, 1977.

Alexander, Christopher. *The Timeless Way of Building.* New York: Oxford University Press, 1979.

Alford, C. Fred. "Whistle-blowers," *American Behavioral Scientist* 43 (1999): 264-277.

Alire, Camila. "The Library Professional." In *Perspectives, Insights & Priorities: 17 Leaders Speak Freely of Librarianship.* Edited by Norman Horrocks Lanham, MD: Scarecrow Press, 2005.

American Library Association, *The Freedom to Read Statement.* Office of Intellectual Freedom. Adopted June 25, 1953.

American Medical Association, *Opinions and Reports of the Judicial Council*, 1966.

Amos, Jonathan. "Study Limits Maximum Tree Height." *BBC News*, April 21, 2004.

Andrews, Geoff. *The Slow Food Story: Politics and Pleasure*. Montreal: McGill-Queen's University Press, 2008.

Ariely, Dan. *Predictably Irrational*. New York: HarperCollins, 2008.

Armstrong, Karen. *The Spiral Staircase*. New York: Knopf, 2004.

"Arts Degrees 'Reduce Earnings.'" *BBC News*, March 6, 2003.

Asimov, Isaac. *I. Asimov, a Memoir*. New York: Doubleday, 1994.

Austin, James and Garry Coventry. *Emerging Issues on Privatized Prisons*. San Francisco, CA: National Council on Crime and Delinquency, 2001.

Bailyn, Lotte, Robert Drago, and Thomas A. Kochan. *Integrating Work and Family Life: A Holistic Approach*. Sloan Work-Family Policy Network, September 14, 2001.

Barron, Frank, Anthea Barron, and Alfonso Montuori. *Creators on Creating*. New York: Tarcher, 1997.

Basken, Paul. "Medical Journals See a Cost to Fighting Industry-Backed Research." *Chronicle of Higher Education*, September 13, 2009.

Bauman, Zygmunt. *Society Under Siege*. Cambridge, UK: Polity Press, 2002.

Becker, Brian and Barry Gerhart. "The Impact of Human Resource Management on Organizational Performance: Progress and Prospects." *Academy of Management Journal* 39(1996): 779-801.

Bennett, Oliver. *Cultural Policy and the Crisis of Legitimacy: Entrepreneurial Answers in the United Kingdom*. Centre for the Study of Cultural Policy. Coventry: University of Warwick, 1996.

Berry III, John N. "Election 2004: The Library Fails Again." In *Perspectives, Insights & Priorities: 17 Leaders Speak Freely of Librarianship*. Edited by Norman Horrocks Lanham, MD: Scarecrow Press, 2005.

Bianchi, Suzanne M., John P. Robinson, and Melissa A. Milkie. *Changing Rhythms in American Family Life*. New York: Russell Sage, 2007.

Blumenthal, David, Eric G. Campbell, NancyAnne Causino, and Karen Seashore Louis. "Participation of Life-Science Faculty in Research Relationships with Industry." *New England Journal of Medicine* 335(1996): 1734-1739.

Borins, Sandford. "New Public Management, North American Style," In *New Public Management: Current Trends and Future Prospects*. Edited by Kate McLaughlin, Stephen P. Osborne, and Ewan Ferlie, London: Routledge, 2002, pp. 181-194.

Bousquet, Marc. *How the University Works: Higher Education and the Low-Wage Nation*. New York: New York University Press, 2008.

Bowe, John, Marisa Bowe, and Sabin Streeter. *Gig: Americans Talk About Their Jobs at the Turn of the Millennium* (New York: Crown, 2000).

Brisbois, Richard. *How Canada Stacks Up: The Quality of Work – An International Perspective*. Canadian Policy Research Networks, December 19, 2003.

Breneman, David W., Brian Pusser, and Sarah E. Turner. "The Contemporary Provision of For-Profit Higher Education." In *Earnings From Learning*. Edited by David W. Breneman, Brian Pusser, and Sarah E. Turner, New York: State University of New York Press, 2006.

Broadbent, Jane and Richard Laughlin. "Public Service Professionals and the New Public Management: Control of the Professions in the Public Services." In *New Public Management: Current Trends and Future Prospects*. Edited by Kate McLaughlin, Stephen P. Osborne, and Ewan Ferlie, London: Routledge, 2002.

Brown, Tom, Stuart Crainer, Des Dearlove and Jorge Nascimento Rodrigues. *Business Minds: Connect with the World's Greatest Management Thinkers*. Prentice Hall Financial Times: London, 2002.

Budde, Michael L. "Collecting Praise: Global Culture Industries." In *The Blackwell Companion to Christian Ethics*. Edited by Stanley Hauerwas and Samuel Wells Malden, MA: Blackwell, 2004.

Budde, Michael and Robert Brimlow. *Christianity Incorporated*. Grand Rapids, MI: Brazos Press, 2002.

Bunting, Madeleine. *Willing Slaves: How the Overwork Culture is Ruling Our Lives*. Toronto: HarperCollins, 2004.

Butler Bass, Diana. *A People's History of Christianity*. New York: HarperOne, 2007.

Campbell, Evelyn M., Suzanne Duncan, Sonal Rastogi, and Joan Wilson. "The Future is Now: Will Public Libraries Survive?" In *Reinvention of the Public Library for the 21st Century*. Edited by William L. Whitesides Sr., Englewood, CO: Libraries Unlimited, 1998.

Caldwell, Kirbyjon and Walt Kallestad. *Entrepreneurial Faith*. Colorado Springs: Waterbrook Press, 2004.

Callahan, Daniel. *False Hopes: Why America's Quest For Perfect Health is a Recipe for Failure*. New York: Simon & Schuster, 1998.

Campbell, Eric G., Joshua B. Powers, David Blumenthal, and Brian Biles. "Inside the Triple Helix: Technology Transfer and Commercialization in the Life Sciences." *Health Affairs* 23(2004): 64-76.

Campbell, Joseph, with Bill Moyers. *The Power of Myth*. New York: Doubleday, 1988.

Canadian Millennium Scholarship Foundation. Brief Submitted to The House of Commons Standing Committee on Finance 2006 Pre-Budget Consultations.

Cappelli, Peter. *The New Deal at Work: Managing the Market-Driven Workforce*. Boston: Harvard Business School Press, 1999.

Caputo, Ibby. "Probing Doctors' Ties to Industry." *The Washington Post*, August 18, 2009.

Catford, John. "Social Entrepreneurs are Vital for Health Promotion – but They Need Supportive Environments Too." *Health Promotion International* 13(1998): 95-97.

Central Policy Unit. *Baseline Study on Hong Kong's Creative Industries*. Government of the Hong Kong Special Administrative Region, September 2003.

Children's Museum of Indianapolis. *The Children's Museum of Indianapolis and Mattel Present Barbie™: The Fashion Experience*. Press Release. November 13, 2009.

Cobb Jr., John B. *Sustaining the Common Good*. Cleveland: Pilgrim Press, 1994.

Coffman, Steve. "What If You Ran Your Library Like a Bookstore?" *American Libraries* 29(1998): 40-46.

Conn, Peter. "We Need to Acknowledge the Realities of Employment in the Humanities." *The Chronicle Review*, April 4, 2010.

Connelly, Catherine E. and Daniel G. Gallagher. "Emerging Trends in Contingent Work Research." *Journal of Management* 30(2004): 959-983.

Cowen, Tyler. *In Praise of Commercial Culture*. Cambridge: Harvard University Press, 1998.

Crawford, Ilse. *Home is Where the Heart Is*. London: Quadrille, 2005.

D'Angelo, Ed. *Barbarians at the Gates of the Public Library*. Duluth, MN: Library Juice Press, 2006.

Daily, Gretchen C. *Nature's Services: Societal Dependence on Natural Ecosystems*. Washington, DC: Island Press, 1997.

Dane, Perry. "The Corporation Sole and the Encounter of Law and Church." In *Sacred Companies*. Edited by N. J. Demerath III, Peter Dobkin Hall, Terry Schmitt, and Rhys H. Williams,Oxford, Oxford University Press: 1998.

Dannatt, Adrian. "Jeff Koons On His Serpentine Show, His Inspirations and How His Studio System Works." *The Art Newspaper* 204(2009).

Dawson, Sandra and Charlotte Dargie. "New Public Management: A Discussion with Special Reference to UK Health." In *New Public Management: Current Trends and Future Prospects*. Edited by Kate McLaughlin, Stephen P. Osborne, and Ewan Ferlie,London: Routledge, 2002.

Dees, J. Gregory, Jed Emerson and Peter Economy. *Enterprising Nonprofits: A Toolkit for Social Entrepreneurs*. New York: Wiley, 2001.

Dees, Gregory. "Enterprising Nonprofits." *Harvard Business Review*, January(1998): 54-67.

De George, Richard. *Business Ethics: Fourth Edition*. New Jersey: Prentice Hall, 1995.

Dembicki, Geoff. "Librarians Told to Stand on Guard for 2010 Sponsors." *The Tyee*, January 12, 2010.

Deutsch, Francine M. *Halving It All: How Equally Shared Parenting Works*. Cambridge, MA: Harvard University Press. Cited in Lotte Bailyn, Robert Drago, and Thomas A. Kochan, *Integrating Work and Family Life: A Holistic Approach*. Sloan Work-Family Policy Network, September 14, 2001.

DiMaggio, Paul J. "The Nonprofit Instrument and the Influence of the Marketplace on Policies in the Arts." In *The Arts and Public Policy in the United States*. Edited by W. McNeil Lowry,Englewood Cliffs: Prentice-Hall, 1984.

Drucker, Peter F. *The Practice of Management*. New York: HarperBusiness, 1954.

Duxbury, Linda and Chris Higgins. *Work-Life Balance in the New Millennium*. Canadian Policy Research Networks, October 23, 2001.

Edington, Dee W. "Emerging Research: A View From One Research Center." *American Journal of Health Promotion* 15(2001): 341-349.

Eikenberry, Angela M., and Jodie Drapal Kluver. "The Marketization of the Nonprofit Sector: Civil Society at Risk?" *Public Administration Review* 64(2004): 132-140.

Einstein, Albert. *Ideas and Opinions*. New York: Wings Books, 1954.

Engell, James and Anthony Dangerfield. "The Market-Model University: Humanities in the Age of Money." *Harvard Alumni Magazine*, May/June(1998).

Estabrook, Leigh S. "A Virtuous Profession." In *Perspectives, Insights & Priorities: 17 Leaders Speak Freely of Librarianship*. Edited by Norman Horrocks Lanham, MD: Scarecrow Press, 2005.

Estés, Clarissa Pinkola. *Women Who Run With the Wolves*. New York: Random House, 1992.

Feinstein, David, and Stanley Krippner, *The Mythic Path*. New York: Putnam Books, 1997.

Frenette, Marc. "The Impact of Tuition Fees on University Access: Evidence From a Large-Scale Price Deregulation in Professional Programs." *Statistics Canada* 11F0019MIE - Number 263(2005).

Finke, Roger, Avery M. Guest, and Rodney Stark. "Mobilizing local religious markets: Religious pluralism in the empire state, 1855-1865." *American Sociological Review* 61(1996): 203-218.

Folbre, Nancy. *The Invisible Heart: Economics and Family Values*. New York: New Press, 2001.

Fowler, James W. *Stages of Faith: The Psychology of Human Development and the Quest for Meaning*. New York: HarperCollins, 1995.

Freidson, Eliot. *Medical Work in America: Essays on Health Care*. New Haven: Yale University Press, 1989.

Friedman, David D. *Law's Order: What Economics Has to do With Law and Why It Matters*. Princeton, NJ: Princeton University Press, 2000.

Friedman, Thomas L. *The Lexus and the Olive Tree: Understanding Globalization*. New York: Farrar Straus Giroux, 1999.

Fromm, Erich. *To Have or To Be?* New York: Harper & Row, 1976.

Fulford, Robert. *The Triumph of Narrative*. New York: Broadway, 2000.

Galbraith, John Kenneth. *Economics in Perspective: A Critical History*. Boston: Houghton Mifflin, 1987.

Galilei, Galileo. *Dialogue on the Great World Systems, The Salisbury Translation*. Edited by G. de Santillana, Chicago: University of Chicago Press, 1953.

Garceau, Oliver. *The Public Library in the Political Process*. New York: Columbia University Press, 1949.

Geertz, Clifford. *Available Light*. Princeton, NJ: Princeton University Press, 2000.

Gelade, Garry A. and Mark Ivery. "The Impact of Human Resource Management and Work Climate on Organizational Performance." *Personnel Psychology* 56(2003): 383-405.

Goldin, Claudia. *Understanding the Gender Gap: An Economic History of American Women*. New York: Oxford University Press, 1990.

Gorman, Michael. "Library Values in a Changing World." In *Perspectives, Insights & Priorities: 17 Leaders Speak Freely of Librarianship*. Edited by Norman Horrocks Lanham, MD: Scarecrow Press, 2005.

Gose, Ben. "A Revolution was Ventured, But What Did It Gain?" *Chronicle of Philanthropy* 15(2003): 6-9.

Gopalkrishnan, Iyer. "International Exchanges as the Basis for Conceptualizing Ethics in International Business." *Journal of Business Ethics* 31(2001): 3-24.

Graham, Billy. *Billy Graham, God's Ambassador*. New York: HarperOne, 2007.

Gray, B. H. and W. J. McNerney. "For-profit Enterprise in Health Care: The Institute of Medicine Study." *New England Journal of Medicine* 314(1986): 1523-1528.

Green, Gareth M. and Frank Baker. *Work, Health and Productivity*. Oxford: Oxford University Press, 1991.

Grove, Andrew. *High Output Management*. New York: Vintage, 1995.

Guder, Darrell. *The Continuing Conversion of the Church*. Grand Rapids, MI: William B. Eerdmans, 2000.

Hammond, Jason. "Cash Cow: User Fees in Alberta Public Libraries." *Partnership: the Canadian Journal of Library and Information Practice and Research* 2(2007).

Hari, Johann. "Johann Hari: And now for some good news." *The Independent*, August 6, 2010.

Havel, Václav. "The Power of the Powerless." In *Living in Truth*. Edited by Jan Vladislav, London: Faber and Faber, 1989.

Haycock, Ken. "Librarianship: Intersecting Perspectives for the Academy and From the Field." In *Perspectives, Insights & Priorities: 17 Leaders Speak Freely of Librarianship.* Edited by Norman Horrocks Lanham, MD: Scarecrow Press, 2005.

Henry, Colette. *Entrepreneurship in the Creative Industries: An International Perspective.* Edited by Colette Henry, Cheltenham: Edward Elgar, 2007.

Herzlinger, Regina. *Who Killed Health Care? America's $2 Trillion Dollar Medical Problem—And the Consumer-Driven Cure.* New York: McGraw-Hill, 2007.

Hewlett, Sylvia Ann. "Executive Women and the Myth of Having It All." *Harvard Business Review* 80(2002): 66.

Hibbert, Kathryn and Luigi Iannacci. "From Dissemination to Discernment: The Commodification of Literacy Instruction and the Fostering of Good Teacher Consumerism." *Reading Teacher* 58(2005): 716-727.

Himmelstein, David U., Deborah Thorne, Elizabeth Warren, and Steffie Woolhandler. "Medical Bankruptcy in the United States, 2007: Results of a National Study." *American Journal of Medicine* 122(2009): 741-746.

Hochschild, Arlie Russell. *The Time Bind: When Work Becomes Home and Home Becomes Work.* New York: Metropolitan Books, 1997.

Holland, Kelley. "Working Long Hours, and Paying a Price." *The New York Times,* July 27, 2008.

Honour, Hugh. *Romanticism.* London: Allen Lane, 1979.

Hye-Kyung, Lee. "When Arts Met Marketing." *International Journal of Cultural Policy* 11(2005): 289-305.

"Jesus, CEO; Churches as Businesses." *The Economist* 377(2005): 41-44.

Johannesson, Ingolfur Asgeir, Sverker Lindblad, and Hannu Simola. "An Inevitable Progress? Educational Restructuring in Finland, Iceland, and Sweden at the Turn of the Millennium." *Scandinavian Journal of Educational Research* 46(2002): 325-339.

Junor, Sean and Alex Usher. "The End of Need-Based Student Financial Aid in Canada?" *Educational Policy Institute,* 2007.

Kalleberg, Arne L. "Nonstandard Employment Relations: Part-time, Temporary and Contract Work." *Annual Review of Sociology* 26(2000): 341-365.

Katz, Stanley N. "Influences on Public Policies in the United States." In *The Arts and Public Policy in the United States*. Edited by W. McNeil Lowry, Englewood Cliffs: Prentice-Hall, 1984.

Keat, Russell. *Cultural Goods and the Limits of the Market*. London: MacMillan Press, 2000.

Kennedy, Maev. "Jewellers sponsor Fay Weldon's latest literary gem." *The Guardian*, September 4, 2001.

Kenneson, Philip and James Street. *Selling Out the Church*. Eugene, Oregon: Wipf & Stock, 2003.

Kok, Peter, Ton van der Wiele, Richard McKenna, and Alan A. Brown. "A Corporate Social Responsibility Audit within a Quality Management Framework." *Journal of Business Ethics* 31(2001): 285-297.

Krebs, Angelika. *Ethics of Nature*. Berlin: Walter de Gruyter, 1999.

Knijn, Trudie. "Marketization and the Struggling Logics of (Home) Care in the Netherlands." In *Care Work: Gender, Class, and the Welfare State*. Edited by Madonna Harrington Meyer, New York: Routledge, 2000.

Kunitz, Stanley. *The Wild Braid*. New York: W.W. Norton, 2005.

Lane, Megan. "Is This the Library of the Future?" *BBC News*, March 18, 2003.

Lonne, Bob, Catherine McDonald and Tricia Fox. "Ethical Practice in the Contemporary Human Services." *Journal of Social Work* 4(2004): 345-367.

Lowry, W. McNeil. "Introduction." In *The Arts and Public Policy in the United States*. Edited by W. McNeil Lowry, Englewood Cliffs: Prentice-Hall, 1984.

Lynn Jr., Laurence E. *Public Management: Old and New*. New York: Routledge, 2006.

National Geographic. "Ecosystem Investments Could Yield Trillions of Dollars in Benefits, Study Finds." *NATGEO Newswatch*, November 13, 2009.

———. *Our Relationship With Nature, A Fragile System Sustains Us: Nature Reveals Its True Value*. http://www.nationalgeographic.com/earthpulse/ecosystem-and-conservation.html.

Macfarlane, Bruce and Ming Cheng. "Communism, Universalism and Disinterestedness: Re-examining Contemporary Support Among Academics for Merton's Scientific Norms." *Journal of Academic Ethics* 6(2008): 67-78.

Mair, Johanna and Ignasi Marti. "Social Entrepreneurship Research: A Source of Explanation, Prediction, and Delight." *Journal of World Business* 41(2006): 36-44.

Mardiros, Shelley. "Banff's Very Public Library." *Alberta Views* 4(2001): 37-39.

Marginson, Simon. "National and Global Competition in Higher Education." *Australian Educational Researcher* 31(2004): 1-28.

Marglin, Stephen. *The Dismal Science: How Thinking Like An Economist Undermines Community*. Cambridge: Harvard University Press, 2008.

Maslow, Abraham. *The Farther Reaches of Human Nature*. New York: Viking, 1971.

McCabe, Ronald. *Civic Librarianship: Renewing the Social Mission of the Public Library*. Lanham, MD: Scarecrow Press, 2001.

McInnis, Craig and Malcolm Anderson. "Academic work satisfaction in the wake of institutional reforms in Australia." In *The Professoriate*. Edited by Anthony Welch Dordrecht, Netherlands: Springer, 2005.

Mok, Ka-ho. "Education and the Market Place in Hong Kong and Mainland China." *Higher Education* 37(1999): 133-158.

———. "The Cost of Managerialism: The Implications for the 'McDonaldisation' of Higher Education in Hong Kong." *Journal of Higher Education Policy* 21(1999): 117-127.

Moody, Eric. "Politics and Museums." In *Museums 2000: Politics, People, Professionals, and Profit*. Edited by Patrick J. Boylan, London: Routledge, 1992.

Mooney, Harold A. and Paul R. Ehrlich. "Ecosystem Services: A Fragmentary History." In *Nature's Services: Societal Dependence on Natural Ecosystems*. Edited by Gretchen C. Daily, Washington, DC: Island Press (1997): 11-19.

Morris, Norval. "The Contemporary Prison: 1965-Present." In *The Oxford History of the Prison: The Practice of Punishment in Western Society*. Edited by Norval Morris and David J. Rothman, New York: Oxford University Press, 1995.

Morris, Norval and David J. Rothman. "Introduction." In *The Oxford History of the Prison: The Practice of Punishment in Western Society*. Edited by Norval Morris and David J. Rothman, New York: Oxford University Press, 1995.

Moss, Linda. "Encouraging Creative Enterprise in Russia." In *Entrepreneurship in the Creative Industries: An International Perspective*. Edited by Colette Henry, Cheltenham: Edward Elgar, 2007.

Mother Teresa. *No Greater Love*. New York: New World Library, 2002.

Mursell, John. *Principles of Democratic Education*. New York: W.W. Norton, 1955.

National Endowment for Science, Technology and the Arts. *Creating Growth: How the UK Can Develop World Class Creative Businesses*. April, 2006.

Oakes, Leslie S., Barbara Townley, and David J. Cooper. "Business Planning as Pedagogy: Language and Control in a Changing Institutional Field." *Administrative Science Quarterly* 43(1998): 257-292.

Oder, Norman. "When LSSI Comes to Town." *Library Journal*, October 1, 2004.

O'Hagan, Sean. "Damien of the Dead." *The Observer*, February 19, 2006.

Okri, Ben. *A Way of Being Free*. London: Phoenix House, 1997.

Oplatka, Izhar, Jane Hesley-Brown, and Nick H. Foskett. "The Voice of Teachers in Marketing Their School." *School Leadership & Management* 22(2002): 177-196.

Osborne, Stephen P. and Kate McLaughlin. "The New Public Management in Context." In *New Public Management: Current Trends and Future Prospects*. Edited by Kate McLaughlin, Stephen P. Osborne, and Ewan Ferlie, London: Routledge, 2002.

Osterman, Paul. "Work/Family Programs and the Employment Relationship." *Administrative Science Quarterly* 40(1995): 681-700.

"'Overwork' kills Toyota employee." *BBC News*, July 10, 2008.

Pappenheim, Fritz. "Alienation in American Society." *Monthly Review* June(2000).

Parkins, Wendy and Geoffrey Craig. *Slow Living*. Oxford: Berg, 2006.

Paul, Pamela. "Childless by Choice." *American Demographics* 23(2001): 44-50.

Pearce, Michael. "The Marketization of Discourse About Education in UK General Election Manifestos." *Text* 24(2004): 245-265.

Peredo, Ana Maria. "Nothing thicker than blood? Commentary on 'Help one another, use one another: Toward an anthropology of family business.'" *Entrepreneurship Theory & Practice* 27(2003): 397-400.

Perrow, Charles. *Organizing America: Wealth, Power, and the Origins of Corporate Capitalism*. Princeton, NJ: Princeton University Press, 2002.

Peters, Tom. "The Brand Called You." *Fast Company* 10(1997): 83.

Pew Forum on Religion and Public Life. *U.S. Religious Landscape Survey*, 2007.

Pink, Daniel. "Free Agent Nation." *Fast Company* 12(December 1997).

Pipher, Mary. "In Praise of Hometowns." In *Sustainable Planet: Solutions for the Twenty-First Century*. Edited by Juliet B. Schor and Betsy Taylor, Boston: Beacon Press, 2002.

Pogrebin, Robin. "And Now, An Exhibition From Our Sponsor." *The New York Times*, August 21, 2009.

Polivka, Anne E. and Thomas Nardone. "On the Definition of 'Contingent Work.'" *Monthly Labor Review* 112(1989): 9-16.

Porter, Michael E. and Elizabeth Olmsted Teisberg. *Redefining Health Care: Creating Value-Based Competition on Results*. Cambridge: Harvard Business School Press, 2006.

Power, Sally and Geoff Whitty. "Teaching New Subjects? The Hidden Curriculum of Marketized Education Systems." Paper presented at the annual meeting of the American Educational Research Association, Chicago, Illinois, March 24-28, 1997.

Powers, Joshua B. "Patents and Royalties." In *Privatization and Public Universities*. Edited by Douglas M. Priest and Edward P. St. John, Bloomington: Indiana University Press, 2006.

Pratchett, Lawrence and Melvin Wingfield. "Petty bureaucracy and Woolly-minded Liberalism? The Changing Ethos of Local Government Officers." *Public Adminstration* 74(1996): 639-656.

Press, Eyal and Jennifer Washburn. "The Kept University." *The Atlantic Monthly* 285(2000): 39-53.

Priest, Douglas M., and Rachel Dykstra Boon. "Incentive-based Budgeting Systems in the Emerging Environment." In *Earnings From Learning*. Edited by David W. Breneman, Brian Pusser, and Sarah E. Turner, New York: State University of New York Press, 2006.

Priest, Douglas M. and Edward P. St. John. *Privatization and Public Universities*. Bloomington: Indiana University Press, 2006.

Procter & Gamble. "Swiffer Named 'Official Cleaner of The Children's Museum of Indianapolis'." Press Release. December 22, 2009.

"Product Placement in the Pews? Microtargeting meets Megachurches." Knowledge@Wharton, November 15, 2006.

Pruzan, Peter. "The Question of Organizational Consciousness: Can Organizations Have Values, Virtues and Visions?" *Journal of Business Ethics* 29(2001): 271-284.

Pusser, Brian. "Higher Education, Markets, and the Preservation of the Public Good." In *Earnings From Learning*. Edited by David W. Breneman, Brian Pusser, and Sarah E. Turner, New York: State University of New York Press, 2006.

"Q&A with Gretchen Daily, Woods Institute Fellow and Professor of Biological Sciences." *Stanford Report*, August 2, 2007.

Qiping, Yin. "The 'Marketisation' of Chinese Higher Education: A Critical Assessment." *Comparative Education*, 30(1994): 217-233.

Raphael, Molly. "Why Do Libraries Matter in the 21st Century?" In *Perspectives, Insights & Priorities: 17 Leaders Speak Freely of Librarianship*. Edited by Norman Horrocks Lanham, MD: Scarecrow Press, 2005.

Rathbone, Perry T. "Influences of Private Patrons: The Art Museum as an Example." In *The Arts and Public Policy in the United States*. Edited by W. McNeil Lowry, Englewood Cliffs: Prentice-Hall, 1984.

Ravetz, Jerome R. *Scientific Knowledge and its Social Problems*. New York: Oxford University Press, 1971.

Reamer, F.G. *Ethical Standards in Social Work: A Critical Review of the NASW Code of Ethics*. Washington: NASW Press, 1983.

Regan, Kelly. "Fossil Fuels Official Gives Oil, Gas Support." *Charleston Gazette*, January 31, 2002.

Reis, Thomas and Stephanie Clohesy. *Unleashing New Resources and Entrepreneurship for the Common Good*. Battle Creek, MI: Kellogg Foundation, 1999.

Relman, Arnold S. *A Second Opinion*. New York: Public Affairs, 2007.

Rhode, Deborah L. *In the Interests of Justice: Reforming the Legal Profession*. New York: Oxford University Press, 2000.

Riddell, Sheila and Alastair Wilson. "Captured Customers: People with Learning Difficulties in the Social Market." *British Educational Research Journal* 25(1999): 445-461.

Rikowski, Ruth. "The Corporate Takeover of Libraries." *Information for Social Change* 14(2002).

Rizvi, Fazal. "The Ideology of Privatization in Higher Education: A Global Perspective." In *Earnings From Learning*. Edited by David W. Breneman, Brian Pusser, and Sarah E. Turner, New York: State University of New York Press, 2006.

Roberts, Peter. "The Future of the University: Reflections from New Zealand." *International Review of Education* 45(1999): 65-86.

Rosenbaum, Lee. "New Frontiers in Corporate Sponsorship: A Museum's 'Official Cleaner.'" *CultureGrrl Blog*, December 23, 2009.

Rosenberg, Marshall B. *Nonviolent Communication: A Language of Life*. Encinitas, CA: PuddleDancer Press, 2003.

Rothman, David J. "Perfecting the Prison: United States, 1789-1865." In *The Oxford History of the Prison: The Practice of Punishment in Western Society*. Edited by Norval Morris and David J. Rothman, New York: Oxford University Press, 1995.

Rowley, Tim, and Shawn Berman. "A Brand New Brand of Corporate Social Performance." *Business and Society* 39(2000): 397-418.

Sagoff, Mark. *The Economy of the Earth*. New York: Cambridge University Press, 2008.

Sapp, John R. *Making Partner: A Guide for Law Firm Associates, Third Edition*. U.S.: American Bar Association Law Practice Management Section, 2006.

Schmidt, Steve. "Prison Guards Lock Up Bundle in OT Pay." *San Diego Union Tribune*, February 28, 2006.

Shichor, David. *Punishment for Profit*. Thousand Oaks, CA: Sage, 1995.

Schiller, Herbert I. *Culture, Inc.* Oxford: Oxford University Press, 1989.

Schumacher, E.F. *Small is Beautiful: Economics as if People Mattered*. New York: Harper & Row, 1973.

Scitovsky, Tibor. *The Joyless Economy*. New York: Oxford University Press, 1992.

Shell Report 1998, *Profits and Principles—does there have to be a choice?* http://ow.ly/4fUPn.

Shiner, Larry. *The Invention of Art: A Cultural History*. Chicago: University of Chicago Press, 2001.

Slaughter, Sheila and Larry Leslie. *Academic Capitalism: Politics, Policies, and the Entrepreneurial University*. Baltimore: Johns Hopkins University Press, 1997.

Slaughter, Sheila and Gary Rhoades. *Academic Capitalism and the New Economy*. Baltimore: Johns Hopkins University Press, 2004.

Solomon, Robert. *Love: Emotion, Myth and Metaphor*. New York: Doubleday, 1981.

St. John, Edward P., and Ontario S. Wooden, "Privatization and Federal Funding for Higher Education." In *Privatization and Public Universities*. Edited by Douglas M. Priest and Edward P. St. John, Bloomington: Indiana University Press, 2006.

Stark, Rodney, Roger Finke, and Laurence Iannaccone. "Pluralism and Piety: England and Wales, 1851." *Journal for the Scientific Study of Religion* 34(1995): 431-444.

Starr, Paul. *The Social Transformation of American Medicine*. New York: Basic Books, 1982.

Stevens, Rosemary. *American Medicine and the Public Interest*. New Haven: Yale University Press, 1971.

———. *In Sickness and in Wealth: American Hospitals in the Twentieth Century*. Baltimore: Johns Hopkins University Press, 1999.

Stoline, Anne and Jonathan P. Weiner. *The New Medical Marketplace: A Physician's Guide to the Health Care Revolution*. Baltimore: Johns Hopkins University Press, 1988.

Stormer, Flora. "Making the Shift: Moving From 'Ethics Pays' to an Inter-Systems Model of Business." *Journal of Business Ethics* 44(2003): 279-289.

———. "The Logic of Contingent Work and Overwork." *Relations Industrielles/Industrial Relations* 63(2008): 343-362.

Streitfeld, David. "Anger as a Private Company takes Over Libraries." *The New York Times*, September 26, 2010.

Symons, Ann K. "The More Things Change, the More Things Remain the Same." In *Perspectives, Insights & Priorities: 17 Leaders Speak Freely of Librarianship*. Edited by Norman Horrocks Lanham, MD: Scarecrow Press, 2005.

Tan, Jason. "The Marketisation of Education in Singapore: Policies and Implications." *International Review of Education* 44(1998): 47-63.

Taylor, Calvin. "Developing Relationships Between Higher Education, Enterprise and Innovation in the Creative Industries." In *Entrepreneurship in the Creative Industries: An International Perspective*. Edited by Colette Henry, Cheltenham: Edward Elgar, 2007.

Taylor, Charles. *The Malaise of Modernity*. Toronto: Anansi Press, 1991.

Terkel, Studs. *Coming of Age*. New York: New Press, 1995.

Thompson, Don. *The $12 Million Stuffed Shark: The Curious Economics of Contemporary Art*. Toronto: Doubleday Canada, 2008.

Thornton, Sarah. *Seven Days in the Art World*. New York: W.W. Norton, 2008.

Tolstoy, Leo. *War and Peace*. Translated by Richard Pevear and Larissa Volokhonsky, New York: Alfred A. Knopf, 2007.

Trosow, Samuel E. and Kirsti Nilsen. *Constraining Public Libraries: The World Trade Organization's General Agreement on Trade in Services*. Lanham, MD: Scarecrow Press, 2006.

U.S. Bureau of the Census. *Statistical Abstract of the U.S.* Washington, D.C., 2002.

U.S. Bureau of Labor Statistics. *Issues in Labor Statistics: Twenty-First Century Moonlighters*, U.S. Department of Labor, September 2002.

Vanier, Jean. *Be Not Afraid*. Toronto: Griffin House, 1975.

Watson, Robert N. "The Humanities Really Do Produce a Profit." *Chronicle of Higher Education*, March 21, 2010.

Weber, Max. *The Protestant Ethic and the Spirit of Capitalism*. New York: Scribner, 1976.

Weil, Stephen. *Beauty and the Beasts: On Museums, Art, the Law, and the Market*. Washington, D.C.: Smithsonian, 1983.

———. *Rethinking the Museum*. Washington, D.C.: Smithsonian, 1990.

Wilde, Oscar. *De Profundis, The Ballad of Reading Gaol and Other Writings*. Hertfordshire: Wordsworth Editions, 1999.

Wilson, Duff and Natasha Singer. "Ghostwriting is Called Rife in Medical Journals." *The New York Times*, September 11, 2009.

Winson, Anthony, and Belinda Leach. *Contingent Work, Disrupted Lives: Labour and Community in the New Rural Economy*. Toronto: University of Toronto Press, 2002.

Wolfe, Alan. *Whose Keeper? Social Science and Moral Obligation.* Berkeley: University of California Press, 1989.

World Business Council for Sustainable Development. *Mobility for Development: Facts and Trends.* September, 2007.

Wright, Susan. "Markets, Corporations, Consumers? New Landscapes of Higher Education." *Learning & Teaching in the Social Sciences* 1(2004): 71-93.

Youngs, Ian. "Radiohead Guitarist Ed O'Brien Warns of Money Pressure." *BBC News,* January 24, 2010.